ÉQUIPIERS

34-36, rue La Pérouse
75116 Paris
www.hugoetcie.fr

Collection Hugo Sport et ouvrage dirigés par Bertrand Pirel
Graphisme de couverture : © Monika Jakopetrevska
Photo de couverture : © Jean-Louis Carli
Mise en page : Christophe Petit

ISBN : 9782755641714
Dépôt légal : juin 2019
Imprimé en Espagne

ÉQUIPIERS

GRÉGORY NICOLAS

Préface de Romain Bardet
et Clément Chevrier

Hugo Sport

Pour Apolline, ma jolie cocotte,
ton frère a déjà eu un livre et il sait qu'il faut être équitable.

Pour Béatrice, toujours.

Aux coureurs. Mes héros.

PRÉFACE

ROMAIN BARDET
ET CLÉMENT CHEVRIER

Rencontre.
Espérée ou imprévue. Hasard ou coïncidence.
Un moment à vivre.
Une émotion qui nous accompagnera longtemps.

Nous nous sommes rencontrés tous les deux en 2010 au Chambéry Cyclisme Formation, l'équipe réserve de la structure professionnelle AG2R La Mondiale. L'un arrivait seulement dans les rangs espoirs, l'autre était déjà prêt à « passer chez les pros » dès l'année suivante. Nous nous sommes tout de suite bien entendus, on était sur la même longueur d'onde comme on dit. Question de feeling, mais aussi de vision de notre sport, et plus généralement de mode de vie. On partageait déjà les mêmes valeurs familiales, scolaires et sportives. Si bien que, même si nos trajectoires professionnelles se sont provisoirement séparées un peu plus tard lorsque Clément a signé son premier contrat chez IAM Cycling Team, la complicité, elle, ne s'est jamais atténuée. Elle a même continué de se renforcer.

Laissez-nous vous raconter une petite anecdote. Et pour ça, prenez la place de Greg (Greg, c'est Grégory Nicolas, l'auteur de ce livre qui parle de nous, les coureurs. On ne le connaissait pas avant et on a commencé par se vouvoyer et par dire nos prénoms en entier, mais ça fait des mois qu'il est près de nous à nous demander de lui parler de nos vies dans le peloton et ailleurs, pour tout vous rapporter ensuite, si bien qu'on a fini par tisser des liens, on lui dit Greg maintenant, et lui répond Clém' et Rom'). Si vous prenez la place de Greg, alors Clém' vient de vous servir un verre de vin blanc, la cuvée Le Feu du domaine Belluard en Haute-Savoie, et Rom' vous fera goûter tout à l'heure une belle Syrah du nord de la vallée du Rhône, vous allez nous en dire des nouvelles ! Voici l'anecdote :

Un peu avant le Tour de France 2015, entre le Critérium du Dauphiné Libéré et le Grand Départ, nous nous sommes retrouvés, avec nos amis proches et la famille, pour quelques jours dans la station de l'Alpe d'Huez. C'est le genre de séjours que l'on aime se faire depuis 2011, où l'on s'entraîne sérieusement mais sans se prendre au sérieux, au soleil, avec la montagne en toile de fond pour reconnaître les étapes du Tour qui seront au menu quelques semaines plus tard. Pourtant, Clément ne préparait pas le Tour de France mais le Tour d'Autriche, car il n'était pas aligné au départ de la Grande Boucle par son équipe. À chacun ses objectifs, l'idée commune c'était de peaufiner notre condition en prenant plaisir à rouler ensemble et être meilleur grâce à l'autre.

Le dernier jour du stage, nous avions planifié un entraînement de six heures avec la reconnaissance de la dix-huitième étape, celle qui devait passer par le Glandon et les magnifiques lacets du Montvernier. Cyrille, membre de la famille de Romain et ami de Clément, conduisait le scooter, ce qui nous permettait de rouler abrités derrière lui et ainsi simuler une allure de course. Même dans les cols. Beau et gros entraînement.

Au sommet du col du Glandon, nous nous sommes lancés dans la descente vertigineuse pour rejoindre la vallée de la Maurienne. Romain, en tête, a suggéré de la faire « à bloc » pour prendre les bons repères. Sur route ouverte. Autant dire que l'on s'est fait quelques frayeurs !

L'entraînement a continué, avec une « pause flan » comme on aime, au sommet du col de la Croix-de-Fer après quatre heures trente de vélo. À noter que le flan a été gentiment apporté par les compagnes de Cyrille et Romain. Un vrai travail d'équipe ! Nous avons terminé notre journée en montant les vingt et un lacets de l'Alpe d'Huez, bouclant ainsi nos six heures d'entraînement. Contents du travail bien fait.

Maintenant, cette journée tant attendue du 23 juillet 2015 : dix-huitième étape du Tour de France. Départ de Gap pour une arrivée en Savoie, à Saint-Jean-de-Maurienne. 186,5 kilomètres sont au programme avec au menu le col du Glandon et les dix-huit virages de l'inédite montée des lacets du Montvernier avant l'arrivée à « Saint-Jean ». L'une de ces belles étapes de montagne qui nous faisaient vibrer plus jeunes, celles qu'on rêvait de gagner en les regardant à la télévision comme on rêve de devenir astronaute ou pilote de Canadair.

Clément, qui a prévu de venir voir l'étape à Saint-Jean-de-Maurienne avec son équipe du moment, IAM Cycling, va saluer son staff et commence à regarder tranquillement la retransmission de l'étape en cours dans le bus de son équipe… Seulement, Romain se trouve dans l'échappée du jour, celle qui va se jouer la gagne ! La tension monte au fur et à mesure que les coureurs escaladent le col du Glandon. Romain bascule en tête au sommet, accompagné de quelques coureurs (dont Pierre Rolland, vous allez assister à son mariage et à ses exploits dans quelques minutes si vous continuez à lire). Il attaque la descente « à bloc », comme à l'entraînement, avec à l'esprit cette journée passée ensemble quelques semaines plus tôt...

La tension et l'enjeu de l'étape, l'émotion, l'excitation aussi, font que Clément décide de quitter le bus de son équipe pour suivre la fin de la course dans le bus de l'équipe AG2R La Mondiale ! Et voilà Clément qui se saisit de la radio interne de l'équipe et commence à donner des conseils et des informations au directeur sportif juste derrière Romain et, pour un instant, Clément, membre d'une équipe concurrente, redevient l'équipier de Romain, l'équipier de son pote.

Comme nous en rêvions tous les deux pendant la reconnaissance de l'étape, Romain a franchi seul en tête la ligne d'arrivée à Saint-Jean-de-Maurienne. Et Clément vivait là son plus beau moment de vélo, sans même avoir eu à accrocher un dossard, sans même avoir eu à tourner les jambes. Il était fier de Romain, heureux des moments passés ensemble, satisfait du travail bien fait pour que cette étape soit belle. Et elle le fut.

Pendant la course, Romain s'est nourri des souvenirs de cette journée d'entraînement. Il a transformé les souvenirs et les bons moment passés ensemble en une énergie positive.

Être équipier, dans le vélo, c'est évidemment aider une personne ou un groupe à atteindre l'objectif fixé. À chacun son rôle mais avec la conscience que l'on sera plus performants ensemble. Humainement la relation est forte, chacun sait qu'il faudra veiller sur l'autre, se soutenir dans les moments difficiles, se serrer les coudes pour pouvoir vivre, ensemble, une émotion. Celle de la victoire.

La vie est faite de rencontres. Bonnes ou mauvaises, elles nous guident, influencent nos choix et la direction que l'on veut donner à nos projets.

Lorsqu'une rencontre est plus intense, plus intime et plus sincère que les autres, alors une relation d'amitié s'installe. Une relation bienfaisante. Et c'est à ce moment-là que la signification d'« équipiers » prend tout son sens. Car si nous sommes équipiers, c'est dans la vie avant tout.

Tournez les pages maintenant, Greg va vous raconter tout ça, il va vous dire comme nous sommes humains. Sûrs qu'à la fin, quand vous penserez à nous, vous vous direz Clém' et Rom'.

Clément & Romain

1.

KRACH AMÉRICAIN, CASARELLI, BUGNO ET MORGON.

Il faut un début. Il y a là mon père et c'est l'automne. J'ai huit ans, je le sais car je n'ai plus la nuque longue depuis quelques semaines. À la fin de l'été précédent, j'ai supplié ma mère de m'emmener chez le coiffeur pour être coupé net derrière les oreilles. Elle a usé de tous les arguments pour me convaincre de conserver mon mulet qui devenait presque flamboyant. Je lui ai répondu, le menton tremblant, les yeux humides et les poings serrés, que Chris Waddle venait de quitter l'OM. Elle a tout de suite compris. Plus rien ne me poussait à conserver cette coiffure.

J'étais dépité. Le départ de Chris Waddle pour Sheffield, c'était Superman s'en retournant sur Krypton. Et moi, dans mon short découpé dans un jean usé, j'étais Lois Lane abandonnée. Qui imagine Lois Lane avec une nuque longue ?

Près de mon père, il y a mon grand-père. Il s'appelle Pierre Chandemerle. Il est né en octobre 1929, pendant le « krach » en Amérique. C'est pour ça qu'il dit qu'il y a eu deux catastrophes le même jour. Les seuls Américains qu'il a jamais vus sont ceux qui ont libéré Plaintel, la petite commune de Bretagne où il a toujours vécu. Et plus tard, Molly, une assistante d'anglais de mon lycée. Elle venait de Caroline du Nord et on l'avait invitée à célébrer le Nouvel An parmi nous, c'était l'année du 11 septembre. Je suis sûr que mon grand-père a été déçu qu'elle ne lui donne pas du chocolat ou des chewing-gums.

Il y a deux minutes, mon grand-père est allé chercher une bouteille de vin dans la maison. Quand il est revenu dans le garage, il a ôté la collerette sur laquelle est posée la Marianne. Mon père et lui observent le niveau de vin dans la bouteille en la plaçant dans le contre-jour de la lampe du garage.

Derrière la lampe, pendu à deux crochets fixés au plafond pas très haut, guidon vers le sol, il y a le vélo de course rouge à guidolines blanches de mon grand-père. C'est un Casarelli, une marque italienne j'imagine, un vélo fabriqué dans le pays de Coppi, de Chiappucci et de Cipollini, de Pantani. De Fausto, de Claudio et de Mario, de Marco. Pauvre Marco.

Toute la famille s'est cotisée pour offrir cette bicyclette à mon grand-père le jour de ses soixante ans. Je suis en dessous, je l'observe.

Elle brille comme si elle était neuve, tout juste sortie du magasin. Les vitesses se passent sur le tube oblique du cadre, mais elles sont tout de même « indexées », ce qui veut dire que lorsque l'on passe une dent de plus ou une dent de moins avec le dérailleur, on ressent une légère tension, un petit clic.

Il y a des chromes partout sur le vélo, sur la fourche, sur les moyeux, sur les jantes, sur le pédalier, ils ont tous été passés au Miror, une crème brunâtre qui sent mauvais. Je trouve les rayons immenses alors qu'aujourd'hui mon papi me paraît tout petit. La chaîne reluit, peut-être qu'en réalité elle est sale, mais il paraît qu'il n'y a pas de miettes sur les nappes en toile cirée dans nos souvenirs d'enfants. Si c'est vrai, alors les chaînes de vélo sont elles aussi toujours propres.

— Regardez, il y a au moins trois millimètres de jeu entre le vin et le bouchon, dit mon père, c'est comme ça qu'il faut faire.

Sur l'établi de mon grand-père, il y a un gros carton en forme de cube. Mon père a soufflé fort quand il l'a sorti du coffre de sa CX et qu'il l'a posé. Il a dit que ça pesait le poids d'un âne mort. Il en reste un dans la voiture. Il le sortira après.

Il y a aussi des bouteilles de vin qui sont plantées, le goulot à l'envers, sur un égouttoir métallique. Les bouteilles ont été récupérées au bistrot « La Diligence » qui fait face à la maison. On ne peut pas le voir d'ici car la porte du garage est fermée pour éviter d'être dérangés et parce que mon père et mon grand-père font quelque chose qui n'est pas vraiment légal.

Dans un sac en plastique, il y a des bouchons de liège. Mon père les a rapportés d'un magasin de Saint-Brieuc, la grande ville la plus proche de Plaintel.

À ses pieds, il y a un gros outil qui repose sur un trépied. Il y a un endroit où poser la bouteille et une manette qu'on presse pour enfoncer une tige en métal. Le reste est en fonte, comme les cocottes de ma grand-mère dans lesquelles elle prépare les civets de lapin mais je n'en mange pas, rapport à Panpan, l'ami de Bambi. On place le bouchon de liège dans un petit trou. On appuie sur la manette et hop, le bouchon vient se ficher dans la bouteille.

C'est la dixième bouteille que mon père pose sur le socle. Les neuf autres ont été des échecs. Ou bien il n'y avait pas assez de liquide et le vin risquait de passer, ou bien il y en avait trop et le vin giclait de partout.

— Ça commence à me gaver, a dit mon père quand il a taché de rouge son tee-shirt Fruit of the Loom pour la troisième fois.

— Quelle idée aussi de s'habiller en blanc pour faire ça ! lui a fait remarquer mon grand-père.

— Je sais bien, papi. Mais ça sert à rien de remplir les bouteilles à ras bord non plus...

— Fais-le alors, je vais me mettre à l'embouteilleur. On verra bien.

Mon père prend son poste. Il saisit une bouteille de l'égouttoir, souffle dedans comme il a vu faire son beau-père juste avant. Il se met devant le gros carton en forme de cube et il tourne le robinet. Le vin coule comme l'eau claire des fontaines, dans la Provence de Giono. Le liquide semble tournicoter autour d'un fil torsadé mais invisible. Le niveau monte, le verre se fonce, on dirait un petit disque qui remonte dans les bouteilles. Le vin arrive à l'épaule, qui est cet entonnoir qui surplombe le flacon, ça s'accélère. Mon père, d'un geste sec, tourne la manette, tapote la bouteille contre le robinet en plastique pour récupérer la dernière goutte. Il fait comme tout à l'heure avec la bouteille de vin bouchée, celle qui devait servir d'étalon après les échecs : il la place dans le contre-jour de la lampe.

— Ça n'a pas l'air mal, vous croyez pas ?

— On va le savoir tout de suite, pose-la sur le socle.

La bouteille est posée. Mon grand-père glisse le bouchon à sa place. Il fait basculer la poignée. Le bouchon s'enfonce dans le goulot. Mon père se saisit de la bouteille. Il est content de lui, je le vois tout de suite. Il dit à mon grand-père :

— Je crois qu'on n'est pas mal comme ça...

— Oui, ça a l'air bon, tu peux même en mettre un poil moins, mais oui c'est bon.

Ils y retournent. Mon père remplit tandis que mon grand-père bouche. Chacun sa place. Ils sont de plus en plus efficaces, les bouteilles ratées sont rares. En deux heures l'affaire est pliée. Mon père a l'intérieur de l'index gauche tout violet.

— Bon, et si on allait boire un coup ? propose mon grand-père.

— On n'a qu'à prendre une des bouteilles ratées, propose mon père.

— Oui, ce sera l'occasion de goûter.

Mon père et mon grand-père sont assis à la grande table de la salle à manger. Elle est recouverte d'une toile cirée pour ne pas l'abîmer et, comme on sait, il n'y a pas de miettes dessus. On m'a servi du sirop de menthe avec de l'eau de Volvic. Mon père tente de déboucher la bouteille de vin. Le bouchon glisse sous la vis du tire-bouchon. Mon père s'énerve contre lui-même.

— Il n'a pas eu le temps de gonfler, eh bah voilà. Quel couillon, il est tombé dans la bouteille !

— C'est pas grave, ça change pas le goût, le rassure mon grand-père.

Mon père verse le vin dans les verres ballons, le bouchon vrille dans la bouteille au rythme de la descente.

Les hommes portent le vin à leurs lèvres. Avant ça, ils l'ont fait tourner dans leur verre puis ils l'ont humé longtemps. Voilà, ils le goûtent. Il y a un temps, ça dure deux ou trois secondes. Mon père dit :

— C'est pas mal, non ?

Il veut influencer la dégustation. C'est lui qui a dégoté le vin en s'associant avec des collègues de boulot. Il est acheté en vrac chez un vigneron du Beaujolais, plus ou moins au noir. Il ne faut pas se faire pincer pendant le transport. « C'est du déclassé, mais c'est bon pareil », affirme mon père.

Il en a pris quarante litres. Mon grand-père, mis dans la combine quelques semaines avant, en a pris quarante litres également. Il a fait confiance à mon père.

Je vois dans les yeux de mon père qu'il est suspendu aux paroles du vieux. C'est l'ultime jugement. Celui où l'on goûte. Mon grand-père aime le vin et alors il offre à son gendre une nouvelle position, celle de l'homme qui « connaît le vin ». Ou bien il ne l'aime pas et c'est l'humiliation.

– Oui, c'est bon. J'aime quand même mieux le bordeaux mais c'est bon. C'est léger. Et surtout pour le prix, on n'est pas volés.

Mon père est rassuré. Même si ce ne sont pas les éloges espérés, le plus important est là : le vin est bon. Il va dans le sens de mon grand-père et dit :

– Il est encore un peu vert. Quelques mois au fond de la cave et il sera meilleur. Même si le Morgon il faut le boire jeune.

Morgon. C'est la première fois que j'entends ce mot. Pour une raison que j'ignore, je ne l'ai jamais oublié. Mon père, un peu plus tard, va ajouter, dans l'euphorie de l'alcool qui le gagne, que le Morgon est son vin préféré.

Je décide qu'il sera le mien également.

Je continue de les observer. Ils discutent sans me prêter attention. Je me dis que c'est ça, être un homme. Je me dis que j'aimerais bien en être un.

Plus ils parlent, meilleur est le vin... Ils évoquent la Bourgogne, les corbières, les madirans, le muscadet qui est parfait avec les huîtres, et le gros plant qui n'est bon qu'à faire cuire les moules. Mon père se souvient de sa visite des caves du côté de Colmar quand il était parti en vacances avec ses parents et la caravane pliante qui les avait protégés d'un été capricieux. Mon grand-père en rajoute sur un copain de chasse qui avait une cave d'au moins cinq mille bouteilles !

Ces mots n'évoquent rien pour moi, je ne sais même pas que le vin est issu du raisin, que le raisin pousse sur une liane que des gens ont appris à domestiquer et qu'ils appellent la vigne.

Et puis, comme à chaque fois, ils commencent à parler du Tour de France, d'Indurain, de Pascal Lino, de Bugno, de la Banesto, de RMO, de Gatorade, de Jalabert et Stephen Roche et d'un gamin qui a réussi à prendre le maillot jaune une journée dès son premier Tour de France, on va recauser de lui c'est sûr : Richard Virenque.

C'est ce jour-là, à la suite d'un après-midi passé à mettre en bouteille du vin de cubi d'un Morgon de contrebande, dans le garage de mon grand-père, au-dessous du vélo rouge Casarelli pendu à deux crochets, guidon en bas, que j'ai décidé de faire du vélo. Que j'ai décidé de devenir Richard Virenque.

2.

ARMOR-ARGOAT, LA MADELON, BOSCHAT ET BOBET.

Il faut revenir en arrière. Un peu. Pour bien comprendre. Évoquer Éliane, ma grand-mère, la situer dans le temps, et pour ça dire son année de naissance : 1932, et le lieu : Saint-Brandan, une petite commune au centre de la Bretagne. La Bretagne est cette péninsule tout à l'ouest de la France dont le dessin sur le planisphère donne à voir une tête de dragon qui essaie de boire la mer. J'écris la mer mais je sais que l'Atlantique est un océan.

À la naissance d'Éliane, Saint-Brandan appartenait au département des « Côtes-du-Nord ». J'avais six ans lorsqu'on lui a préféré l'appellation « Côtes-d'Armor » au motif que le terme « nord » faisait fuir les touristes.

Pour faire passer la pilule aux habitants, le conseil général a distribué aux enfants des autocollants aux couleurs du nouveau drapeau du département. Il fallait les coller sur le pare-brise arrière des automobiles. Le bleu pour la mer, le vert pour la terre et deux courbes qui figuraient le vol d'une mouette, l'union entre l'*armor* (le pays de la mer) et l'*argoat* (le pays des arbres) sur 35 cm^2. Ma mère a collé celui que j'avais rapporté de l'école sur sa Citroën LN. Mon père a fait la même chose en placardant sur sa CX l'autocollant qu'il avait chipé à ma sœur et qu'elle gardait précieusement dans son cartable. Quand il démarrait la CX, les suspensions hydrauliques élevaient la voiture de quelques centimètres. C'était comme prendre l'avion.

Le logo nous plaisait bien et nous n'avions plus rien à voir avec les habitants de Dunkerque ou de Calais. Surtout, nous qui n'avions pas de nom jusqu'ici devenions les « Costarmoricains ». Les « Costarmoriquois », disait le père de ma grand-mère qui était déjà sourd comme un pot.

Il s'appelait Pierre Boschat, notez bien. C'est lui la clé de ce livre puisque c'est lui qui ouvre la porte, lui qui rend possible que les choses adviennent. J'ai le souvenir d'un monsieur qui, dans mon imagination de gamin, avait cent ans. Il me faisait peur.

Je le voyais parfois lorsque je venais rendre visite à mes grands-parents quand, à la fin de sa vie, ils le prenaient en pension. Chacun de ses six enfants se relayait de la même façon pour accueillir le vieux. Ils n'avaient pas les moyens de lui payer une chambre en maison de retraite et il y a peu de chance que le père Boschat eût accepté de toute façon.

Quand c'était le tour de ma grand-mère, il dormait dans un lit aménagé dans le salon, près de la cheminée. C'était plus commode pour se rendre aux toilettes car la maison ne possédait qu'un seul cabinet, au rez-de-chaussée.

Je ne le voyais jamais au lit. « Pépère », comme nous l'appelions tous dans la famille, à l'exception de ma grand-mère qui continuait de l'appeler « Papa », restait assis au bout de la table de la salle à manger toute la journée.

Quand nous arrivions avec ma mère, on lui rappelait mon prénom et ceux de mes sœurs. On lui rappelait aussi que nous étions « les enfants de Marylène ». Pépère nous faisait une bise, ça j'en suis sûr, car trente ans plus tard je sens encore ma joue qui pique. Et peut-être une caresse, mais je ne m'en souviens pas. Pour ses quatre-vingt-dix ans, ses enfants ont organisé une grande fête en son honneur. Il a laissé son déambulateur sur le côté et, tandis que ses fils le soutenaient, il a tapé du marteau contre l'enclume. Tout le monde applaudissait.

Toute sa vie d'adulte et jusqu'à la retraite, Pierre Boschat fut le maréchal-ferrant de Saint-Brandan. Avec Joséphine, son épouse, ils ont emménagé en 1930 dans une maison au milieu du bourg. Elle accueillait leur « Café de l'Espérance », notez bien.

C'est maintenant que la porte va s'ouvrir.

Pierre, devant sa forge accolée au bistrot, s'occupait de ferrer les chevaux. Joséphine servait les hommes au café. Ma grand-mère se souvient encore des banquets de cent personnes qui regroupaient les anciens combattants de 14, des draps blancs en signe de paix qui pendaient des poutres et embellissaient la salle, et de la façon dont les Poilus chantaient « La Madelon » dont, petite, Éliane ne comprenait pas le sens des paroles. Elle se souvient aussi des infirmes et de tous les « mal-soignés ». C'est Joséphine, sa mère, qui était en charge de nourrir tout ce monde.

Pour faire pleurer ma grand-mère ce n'est pas dur, demandez-lui de parler de sa maman, elle vous dira que jamais on n'avait vu une personne plus gentille qu'elle et qu'on n'en verra jamais d'autre. Sitôt qu'elle aura fini de prononcer le mot « sainte », les larmes dévaleront le long de ses joues.

Nous avons grandi dans une sorte de mythologie du personnage qu'était Pépère, mon arrière-grand-père.

Nous frissonnions tous, oncles, tantes, cousins, cousines, lorsqu'à table on nous racontait encore une fois cette marche de huit jours pour livrer un cheval chez sa tante « qui avait du bien » et qui l'avait conduit de Saint-Brandan jusqu'à Connerré, dans la Sarthe, le berceau des rillettes. Le cheval, pas encore débourré, ne laissa jamais Pépère monter sur son dos. Il fit les trois cent vingt kilomètres à la seule force de ses mollets. Il dormait dans des fermes et se reposait dans des champs. Quand il s'assoupissait, il nouait la longe à sa cheville pour ne pas se faire voler le bourrin. On nous racontait aussi la façon dont il conduisait sa Panhard Dyna Z verte dont les freins ne fonctionnaient pas et son habitude de hurler au passant : « Écartez-vous, v'là le père Boschat ! » alors qu'il traversait la campagne pour faire le taxi le week-end et améliorer l'ordinaire de la famille. Mais la plus belle des anecdotes, celle qu'on attendait avec impatience, qui jamais ne nous décevait et qui revenait comme une ritournelle de la joie, c'était la venue de Louison Bobet dans le café de mes arrière-grands-parents.

La porte est ouverte, notez bien.

3.

FLANDRES, GÉMINIANI, CAFÉ DE L'ESPÉRANCE ET NÉNETTE.

Louison Bobet était Breton, originaire d'Ille-et-Vilaine, apprenti boulanger dans sa jeunesse à Saint-Méen-le-Grand, une commune à peine plus grande que Saint-Brandan. Il est devenu plus tard l'un des hommes les plus célèbres de France.

Son palmarès est exceptionnel, seulement surpassé par des coureurs comme Eddy Merckx, Fausto Coppi, Jacques Anquetil et Bernard Hinault. Il a gagné trois Tours de France consécutifs, 1953, 1954, 1955, il a été champion du monde à Solingen en Allemagne de l'Ouest, il a levé les bras à Paris-Roubaix, au Tour de Lombardie, sur le Tour des Flandres, à l'arrivée de Paris-Bordeaux, à celle de Paris-Nice...

Sur la photo en noir et blanc encadrée d'un bois léger et accrochée encore aujourd'hui au mur du salon de mes grands-parents, on voit, à droite, Pépère Boschat. Il porte une casquette, il fume une cigarette en bout de course. Il est à l'instant où son sourire va se transformer en rire.

Ses épaules sont recouvertes d'une veste à quatre boutons en tissu épais. Dans mon imagination, elle est du même bleu que celle que portait mon grand-père lorsqu'il travaillait à l'usine : entre le bleu de France et le bleu safre. Son pantalon est large, il surmonte des sabots de bois. Dans ses mains solides, Pépère tient une tricoise, une sorte de tenaille qui enserre le fer du cheval de trait. La bête est immobile et sage à sa droite.

En face de lui, il y a Louison Bobet qui l'aide au déferrage. Il sourit aussi. Il porte une casquette aussi. Sa veste est close par une fermeture Éclair. Je dirais que ses vêtements semblent de meilleure qualité que ceux de Pépère mais je n'en sais rien. Son pantalon s'arrête à mi-mollet, il révèle des bottes de cuir. Pépère l'a mis en garde pour que le sabot, que Louison maintient relevé à l'aide d'une sangle, ne retombe pas sur son pied. Avec des bottes fines comme ça, il serait broyé à coup sûr et ça risquerait de compromettre le reste de sa carrière cycliste. Pépère ne veut pas être responsable de ça.

Au fond de l'image, il y a un panneau publicitaire que je n'identifie pas. On dirait un chevreuil qui s'élance mais je doute que les publicités pour John Deere existaient à cette époque en Bretagne. À gauche, derrière l'encolure du cheval, il y a une publicité pour le Byrrh, un vermouth que les hommes aimaient boire à l'heure de l'apéritif, dans le temps.

Les Boschat ont rencontré Louison Bobet quelques années avant, grâce à la famille Quinio qui vivait à Malabry, un hameau de quelques âmes à la sortie du bourg de Saint-Brandan. Bobet venait avec son masseur Raymond Le Bert, un ami de la famille Quinio, pour chasser dans la lande. Bobet qui était déjà « un monsieur », comme dit mon grand-père, possédait un fusil à cinq coups qui subjuguait tout le monde.

Après la première partie de chasse, ils étaient venus boire le coup au Café de l'Espérance. Pépère s'en était allé demander à Bobet ce qui amenait un homme tel que lui dans sa gargotte, et Bobet avait répondu : « La soif. » Et il avait rigolé, content de son mot.

Au fil des années, le café est devenu un lieu de rendez-vous pour d'autres fameux coureurs comme Raphaël Géminiani ou Pierre Barbotin. On y mangeait des galettes après avoir plombé la bécasse. Quinio et Le Bert avaient le droit à leur verre de cidre. Pour les coureurs, c'était interdit. Alors Bobet prétextait qu'il lui fallait aller faire ses compliments à la cuisinière pour lui réclamer en douce un verre de cidre. Il faisait promettre à Joséphine, mon arrière-grand-mère, de ne rien dire, Joséphine faisait semblant de fermer sa bouche à clé et Bobet clignait de l'œil en signe de connivence.

Tous les enfants Boschat se souviennent aussi du jour où le patron de l'équipe de France de cyclisme en personne avait pénétré dans le café. Jamais on n'avait vu dans la commune personnage plus illustre que Marcel Bidot. Jamais ma grand-mère n'avait vu personnage plus beau : « On aurait dit un acteur américain » qu'elle affirme encore aujourd'hui, elle qui venait de prendre le nom de Chandemerle alors qu'elle avait épousé un jeune homme qui portait le même prénom que celui de son père. Pour donner le change elle l'appelait Pierrot.

Sur une autre photographie, oubliée, celle-là, durant des années dans un tiroir du grand buffet chez mes grands-parents, il y a Pépère entouré de sa femme et de ses enfants près de Bobet encore. Ils sont devant l'entrée du Café de l'Espérance. Je reconnais Éliane, ma grand-mère. Elle est jeune, vingt ans, peut-être un peu plus. Son nez est droit, presque sévère. Son front est haut. Elle pose, se tient droite. Elle a l'air amusée.

Pépère a le bras passé autour de l'épaule de Bobet, on dirait deux larrons en foire. Tout le monde sourit.

Des années plus tard, Pépère était alité. Un cheval, « fourbe comme pas un », l'avait aligné d'un coup de pied. Pépère s'était écroulé, il était tombé de tout son long. Il n'avait même pas eu le temps de crier. Joséphine l'avait trouvé, il avait le visage contre la terre. Il était incapable de se relever. Il en pleurait de honte. Joséphine fit appeler par une voisine le docteur qui arriva très vite grâce à l'automobile qu'il venait d'acquérir et qui lui évitait de se casser la nénette à monter dix fois par jour en vélo le long faux-plat de Carboureux pour rejoindre le bourg.

Pépère avait des côtes brisées, le bassin déplacé, et un œil au beurre noir car sa tête avait cogné contre un caillou qui affleurait du sol, celui-là même contre lequel il mettait en garde les visiteurs pour ne pas qu'ils tombent, une « maudite caillasse » qu'il s'était promis des années durant d'arracher. Il aurait pu rester estropié. On lui avait ordonné le repos. Il resta des jours entiers allongé sur son matelas en bonne laine.

Un soir, on frappa à la porte de sa chambre. Quelqu'un dont Pépère ne reconnut pas la voix dit : « Il est'y là, le père Boschat ? » L'homme poussa la porte. Il entra dans la chambre. C'était Raymond Le Bert, le masseur et entraîneur personnel de Louison Bobet. Pépère, par politesse, avait tenté de se redresser sur son lit. Le Bert avait dit : « Bouge pas, mon pauvre vieux. »

Il s'était approché. Il lui avait demandé comment tout ça était arrivé. Pépère avait expliqué. Raymond Le Bert l'avait aidé à enlever sa chemise de nuit. Il avait touché

Pépère en différents endroits du corps en lui demandant de respirer fort. Il avait débloqué des nerfs coincés. Et puis. Le Bert l'avait massé longuement comme pour soulager sa peine. Pépère Boschat, pour une fois, ne causait pas.

4.

CANON DE 75, VICTOR CHANDEMERLE, UN FRÈRE, UNE CLOPE ET PELOTON.

Les Boschat n'étaient pas riches mais en tant que commerçants, ils s'assuraient une vie sans gâchis, sans excès et sans faim. Lorsqu'en 40 on apprit que les Allemands arrivaient dans la commune, la mère de ma grand-mère cacha dans des caisses en bois tout ce qu'elle craignait que les soldats ne lui volent. Les parents de Pierre, mon grand-père, apprenant la même nouvelle, ne se donnèrent pas tant de peine. Ils n'avaient rien à voler.

Louis Chandemerle, mon autre arrière-grand-père, sa grande aventure c'était la guerre de 14. Artilleur, il y avait passé pourtant davantage de temps à balader sur des brouettes les morts qu'il appelait « les macchabées » qu'à charger des obus dans le canon de 75 à roues de bois auquel il était affecté.

Il parlait souvent à ses enfants des « malheureux », ces soldats qu'on asseyait sur un siège accroché au bout d'une perche pour ajuster l'angle de tir des canons. Les « malheureux » se faisaient dégommer par les Allemands comme dans les tirs à la pipe des fêtes foraines. Il les revoyait tremblants de peur alors qu'on les élevait tout droit, vers le ciel. Un matin, un gamin qu'on avait jugé assez vieux pour être soldat et qui venait d'arriver d'un bled près de Lannion, en Bretagne, s'était fait descendre alors qu'il n'était même pas au quart de la montée. C'était son premier jour. Il ne parlait pas un mot de français. La balle lui avait fait un trou dans le cœur « gros comme le poing ».

L'homme posté cinq mètres plus bas pour traduire en français les informations qui n'arriveraient jamais, un jeune sous-officier, dont le nom comme celui du gamin a été oublié dans les souvenirs qui s'étiolent et les autres mots qui diluent tout, et qu'on avait extrait d'une école de garçons du Finistère dont il avait la charge pour faire la guerre, avait été contraint de prendre sa place aussi sec. Il n'avait pas protesté. Il s'était tenu droit sur son siège, le regard au loin pour observer les lignes ennemies. Louis Chandemerle racontait que jamais il n'avait vu un homme de cette trempe et, depuis ce jour, il vouait un respect infini aux instituteurs. Trois minutes après, l'instituteur était mort.

Louis Chandemerle était carrier. Il besognait une veine de granit bleu au fond de son jardin comme d'autres s'occupent de leurs poireaux ou de leurs oignons. C'était un petit filon, qu'il exploitait seul et qu'il revendait à la grande carrière sur la route de Saint-Carreuc. Sa femme, c'était Marie-Rose Germé, une fille de Plœuc-sur-Lié, un village à une dizaine de kilomètres. Il l'a épousée. Elle lui a donné six enfants. Comme si s'occuper de ces six-là ne suffisait pas, Marie-Rose apportait sa contribution aux finances du foyer en étant nourrice : elle accueillait les enfants de l'assistance quelques mois. Notez bien. Elle les nourrissait au sein. Pierre en a retrouvé beaucoup quand il a commencé à aller à l'école. Le jeune Cadoret appelait Marie-Rose, la maman de Pierre, mon arrière-grand-mère dont je ne sais presque rien, dont j'ignore jusqu'au visage, eh bien le jeune Cadoret appelait Marie-Rose « ma petite maman de lait ».

Quand elle ne s'occupait pas des enfants perdus et de ses propres enfants, elle rejoignait Louis, son mari, et elle portait les blocs de pierre contre son ventre. Il les taillait plus fins pour elle. Marie-Rose les déposait devant la maison où la remorque à cheval de la compagnie venait récupérer la marchandise tous les mardis.

La veine de granit avec laquelle Louis et Marie-Rose construisirent leur maison assura la subsistance de la famille pendant de nombreuses années. Puis, au fur et à mesure que le burin frappait le roc, au fur et à mesure que Louis arrachait la pierre, le gisement se tarit. Louis et Marie-Rose durent se rendre à l'évidence : la roche venait à manquer. Alors Louis décida de changer de métier et il devint couvreur en chaume, puis boucher de campagne, il faisait son tour à vélo.

Sans le cyclisme je ne serais pas là et mes sœurs, mon fils, ma fille, mes cousins et mes cousines non plus. Dominique, Nelly, Marylène, Pascale, Christophe et Laurent, les enfants de Pierre et Éliane, mes grands-parents, pas davantage.

Pourtant, jusque-là, on ne faisait pas de vélo chez les Chandemerle. La pratique du sport s'est développée lentement en Bretagne, les travaux de force qu'on exerçait continuellement ne nécessitaient pas de recourir à une activité physique pour se maintenir en forme. « La culture physique, c'était pour les gros capitalistes », résume mon grand-père. Et surtout, l'achat du matériel pour pratiquer le cyclisme coûtait cher.

C'est Victor, le frère aîné de mon grand-père, qui lui a offert sa première bicyclette, à son retour du régiment.

C'était pour lui faciliter la tâche pour se rendre au boulot, il n'allait pas marcher le long des routes toute sa vie. Il n'était plus un gamin. Pierre l'a remercié de tout son cœur. C'était la première fois qu'on lui faisait un si beau cadeau.

Le lendemain, Pierre est arrivé au travail à vélo, fier comme un pape. Fier de sa machine mais fier surtout que son grand frère ait eu les moyens de lui offrir un si bel objet.

Un dimanche matin du mois d'après, Pierre a défié son grand frère : « Le premier qui monte dix fois de suite la Côte aux Mines ! », une jolie côte d'un kilomètre et demi à tout casser. Victor a balancé sa clope, a dit d'accord. Leurs parents, Louis et Marie-Rose, se sont mis le long de la route pour l'occasion. Louis encourageait son aîné tandis que Marie-Rose supportait Pierre, « le petit ».

Victor a achevé la dixième montée loin devant Pierre. Quand celui-ci l'a rejoint en haut, Victor a dit, affectueux : « C'est bon, je te paie une bolée au café. » Pierre a accepté, il arriverait dès qu'il en aurait fini avec les deux montées qu'il lui restait pour faire dix. Il les a avalées le plus vite possible, malgré la défaite.

Au café, Victor a demandé à Pierre s'il serait intéressé par le fait de prendre une licence de coureur comme lui l'avait déjà fait trois ans auparavant. Il a proposé à Pierre de rejoindre son club de l'Union cycliste briochine, « on pourrait aller aux courses ensemble ». Pierre a dit que ce serait une chic idée et il a signé la semaine suivante.

Pour le premier entraînement de Pierre, Victor a décidé de faire une longue sortie. Ils sont partis à Brest rendre visite à leur sœur. C'était à plus de cent soixante kilomètres. Pierre n'a jamais eu aussi mal au cul que ce jour-là. Il pensait que Victor lui jouait « un tour de con ». En vérité, Victor voulait montrer à Pierre ce qu'est la réalité du sport cycliste : la douleur incessante, l'inconfort permanent.

Il voulait éprouver sa force et sa volonté, ce que Victor appelait « le cran ».

De retour à Plaintel, le lendemain soir, Victor a dit à Pierre qu'il ferait un bon petit coureur s'il l'écoutait. « T'as de la teigne, et c'est tout ce qu'il faut, avec un peu de malice. »

Victor avait raison. Pierre s'est révélé être un bon petit coureur, dont le gabarit, court et léger, le prédestinait à larguer les gros dans les côtes casse-pattes, souvenirs de l'ancien massif armoricain.

Les deux frères constituèrent une mafia avec d'autres bons coureurs du coin : ils s'organisaient pour cadenasser la course, pour empocher les primes distribuées aux passages du peloton sur la ligne, et pour gagner à tour de rôle, ou se revendre les victoires les plus intéressantes. L'argent et les lots collectés chaque dimanche étaient ensuite partagés entre les membres de la bande. Un article de presse daté de 1950 évoque la quatrième place de Victor Chandemerle et la sixième de son petit frère, Pierre. Ceux qu'on appelait dans le peloton, comme on aurait dit des Apaches : les frères Chandemerle.

5.

RUBAN DE SATIN, PAIN SIGNÉ ET TRANCHÉ, ROBIC ET LES CHOUX.

Le 2 juillet 1951, un lundi, Éliane, ma grand-mère, a dix-neuf ans. Elle souffle les bougies à midi. Ses parents lui offrent un cadeau entouré dans un ruban de satin, le même chaque année, sa mère le récupère une fois le paquet défait et elle le conserve précieusement en attendant le prochain anniversaire. C'est souvent avec six mômes.

Son père ne peut pas rester longtemps car il y a la course de vélo autour du bourg qui commence bientôt. Elle est organisée par le comité des fêtes, Pierre Boschat en tant que président doit montrer l'exemple. Il a toujours fait ainsi. Il y a encore beaucoup de choses à préparer.

Tout à l'heure, ça va être la foule au café. Joséphine est affairée à sa mise en place : les pâtes à crêpes et à galettes reposent depuis l'aube, les pleins de boissons sont faits dans les frigos, le café est moulu, le pain est signé et tranché.

La course s'élance à toute allure. Victor Chandemerle en est le favori. Il a gagné facile la semaine d'avant, il a mis un tour à tout le peloton. On voit mal qui pourrait lui contester la victoire à moins qu'il ne s'arrange avec son petit frère qui n'a pas gagné depuis le mois de mai.

Victor a des jambes de feu, il saute sur tout ce qui bouge, relance l'allure sans cesse, empoche chacune des primes. Pierre, son petit frère, est dans les choux, sans force. Victor, trop sûr de lui, est battu au final par un coquin qui lui a sucé la roue tout le temps de la course, « ça m'apprendra », dit Victor.

Pierre est de mauvais poil. Il dit : « Des courses de charlots comme ça, j'en veux jamais d'autres... »

Il prévient son frère qu'il rentre chez les parents. Il boit machinalement dans sa gourde pourtant vide. La maison n'est qu'à quelques kilomètres, il pourra rentrer sans eau.

« Tiens, qui c'est la jolie petite fille là qui me lance des coucous ? » demande Pierre à son frère. Victor ne la connaît pas. Pierre fait mine de rien, va se renseigner auprès d'un copain. On lui dit que c'est Éliane, la fille du père Boschat, le maréchal-ferrant, le patron du Café de l'Espérance, dans le haut du bourg, là où Louison Bobet a ses habitudes l'hiver.

Pierre se dit qu'il va faire une exception : pour une fois il restera au gueuleton d'après-course donné en l'honneur des gloires régionales.

Les galettes, oui il aime bien ça mais il n'en mange pas, il n'a pas faim, il est toujours contrarié par son manque de jus pendant l'épreuve. En revanche, la fille du café il voudrait bien en faire son affaire. Il va la voir, lui demande si c'est bien elle qui lui faisait des coucous. Elle répond, pas intimidée pour deux sous, que oui, c'était bien elle. Elle le trouve beau sur sa bicyclette. Il lui fait penser à Jean Robic. Pierre lui donne son prénom, elle dit : « Pierre ?! Comme mon père... Je vais t'appeler Pierrot, si ça ne te dérange pas. » Ça ne dérange pas Pierre qui continue à lui dire des choses. Comme il le fera chaque jour pendant soixante-dix ans. Certains naissent dans les choux, d'autres sont apportés par des cigognes. Nous, les Chandemerle, enfants, petits-enfants, arrière-petits-enfants sommes nés d'une course de vélo. Quel meilleur prétexte pour aimer entendre la rumeur du peloton et vouloir en sentir le souffle ? Aucun.

6.

VIRENQUE, PLAYMOBILS, CUL DE PERRIG ET UN BOUQUET À LA MÈRE.

J'ai attendu encore deux ans après l'épisode de l'embouteillage de Morgon avant d'essayer vraiment de devenir Richard Virenque. Entre temps, il en a profité pour gagner une étape sur le Tour de France, à Luz-Ardiden. Je vois encore son maillot bleu, son dossard, le 99 que je rêvais d'avoir ensuite à chaque course, et la foule qui s'écartait à son passage, Pantani pas encore tout à fait chauve quatre minutes et demie derrière, puis Indurain et sa casquette Banesto juste posée sur son crâne, et non enfoncée jusqu'aux oreilles comme on fait maintenant.

J'ai signé ma première licence de vélo en benjamin, au VC Quintin, un petit bourg pas loin. J'avais acheté un vélo d'occasion en acier pour 1600 francs avec les vitesses au cadre et les cale-pieds à sangle, j'y avais mis toutes mes économies de gamin. C'était parti pour presque dix ans de dimanche à écouter des speakers remercier les commerçants-partenaires, à observer la course d'avant, à manger des galettes-saucisses et à attendre ma première victoire, celle qui devait tout déclencher puisque si la première était « la plus dure » comme on me l'assurait, tout serait donc plus facile ensuite.

Je n'ai jamais envisagé de devenir un cycliste professionnel, ce qui tombe bien car le cyclisme professionnel n'a jamais envisagé que je le devienne non plus. Je voulais être Richard Virenque, ça n'a rien à voir. Je voulais faire vibrer le monde, pas m'entraîner chaque jour et rouler trente mille kilomètres par an.

J'ai couru des catégories benjamin jusqu'en junior. Je n'ai jamais gagné, je ne suis jamais devenu Richard Virenque. Je n'ai pas remporté sept fois le classement de la montagne, je n'ai jamais levé le doigt en l'air après avoir gagné Paris-Tours, la classique des feuilles mortes. Quel joli surnom. J'ai fait une fois troisième, échappé avec Arnaud Gérard qui est devenu champion du monde junior et professionnel par la suite. J'ai encore ma coupe dont je suis aussi fier que chacun de mes livres. Mon fils n'en a rien à faire, il met ses playmobils dedans. Il ne se rend pas compte. Mais ça viendra. Un jour, je lui montrerai l'article dans *Ouest-France* et la photo dans la *Bretagne Cycliste*, et ça lui fera tout drôle.

La première chose que fait un coureur amateur lorsqu'il arrive sur une course, c'est de dégoter un programme pour voir qui seront les gars présents face à lui, ceux qui vont le mettre dans le rouge, ceux qui vont tout faire pour lui prendre le trophée promis au vainqueur, ceux qui vont l'empêcher de faire une bise à la miss après qu'il lui aura donné une fleur ôtée au bouquet.

À mon époque, entre 1995 et 2002 dans les catégories de jeunes, en Bretagne, les voleurs de bises s'appelaient Kévin Nicolas, Erwan Sidaner, Maxime Olivier, Manu Hégarat, Benoît Vaugrenard, Arnaud Gérard et Perrig Quéméneur.

Perrig était le plus fort. Comme il était licencié au club de Lesneven, il courait beaucoup dans l'ouest de la Bretagne. L'astuce, pour l'éviter, c'était de courir à l'est, mais là on tombait invariablement sur Arnaud Gérard. C'était comme choisir entre son père et sa mère, ma mère n'a jamais fait de vélo d'ailleurs, mais ça n'a rien à voir.

De Perrig, je ne connaissais que le cul. Il s'éloignait de moi entraîné par ses jambes qui tournaient à toute vitesse. J'avais beau me dresser sur les miennes, « écraser les pédales » comme disent les commentateurs et les enfants qui les imitent, je ne me rapprochais jamais de son cul. Lors des nombreuses courses où il m'a pris un tour, jamais Perrig n'a levé les yeux sur moi. Je n'existais pas. Tout semblait si facile pour lui. Il gagnait avec l'assurance de l'étudiant, fils de médecin, qui sait qu'il deviendra médecin, sans que ne l'effleure jamais la question de l'échec.

Le père de Perrig était marin-pêcheur, une vie à relever des filets, à se piquer les doigts avec les nageoires dorsales, à balancer la poiscaille dans des bacs en plastique, à jeter des casiers à la mer. Une vie rude comme il y en a plein. Une vie de tâcheron, les pieds dans l'eau.

Il est parti en mer trente jours, une fois, Perrig s'en souvient. Le père de Perrig a participé à la manifestation des pêcheurs à Rennes en 1993, celle qui a précédé le brasier qui a enflammé le parlement de Bretagne. Mon père y a participé aussi, côté CRS, si ça se trouve ils se sont mis sur la gueule sans savoir.

Debout, sur la remorque de tracteur qui servait de podium, Perrig répondait avec humour et éloquence au speaker. Assis sur le cadre de mon vélo, un coude posé sur le guidon, ma main soutenant ma tête, je l'écoutais, admiratif. Autour de moi, chacun des spectateurs s'accordait sur une chose : Perrig serait professionnel un jour. Tu parles, un champion comme ça. Certaines mères allaient jusqu'à demander qu'il soit déclassé, il était trop fort et, d'une certaine façon, ça n'était plus du jeu. Elles n'avaient rien compris : le vélo n'est pas un jeu.

Mon père disait que je ne me faisais pas assez mal, que le vainqueur d'une course était celui qui était capable de repousser toujours plus loin la douleur. Mes dimanches étaient un calvaire. Je ne savais que souffrir. Je n'ai jamais eu très mal aux jambes car mes poumons ne me permettaient pas d'atteindre de telles extrémités, ils m'arrêtaient avant. C'était comme si j'avais toujours manqué d'air. Mon père disait que je ne me faisais pas assez mal mais en vérité il pensait que j'étais trop fainéant pour faire du vélo. Il avait peut-être raison.

J'ai décidé d'arrêter le vélo quand j'ai compris que je ne serais jamais Richard Virenque et que, même, je ne serais jamais à la hauteur de mon grand-père qui avait été un si bon coursier dans les années 50, et qui évoquait souvent ses exploits à table, et comment il avait repris une minute par-ci, et comment il en avait mis deux autres par-là. J'avais quatorze ans.

Mais j'ai mis plus de trois ans ensuite pour trouver le courage de dire à mes parents que je voulais arrêter de courir. Je n'osais pas. J'avais honte. J'avais honte d'abandonner et puis j'avais honte de ne jamais avoir rapporté de bouquet à ma mère.

Par chance, j'ai eu des problèmes d'anémie et j'ai dû arrêter de rouler plusieurs mois. Au moment de reprendre la saison suivante, j'ai dit à mes parents que je n'en pouvais plus, que je souhaitais arrêter, c'est sorti comme ça, tout d'un coup, comme une envie de pisser retenue jusqu'à ce qu'on n'en puisse plus. Ma mère a mis la main sur la bouche en même temps qu'elle disait : « C'est pas vrai. » Mon père n'a rien dit. J'ai pensé que sans le vélo on n'aurait plus aucun sujet de conversation et c'était vrai, on ne s'est pas beaucoup parlé pendant longtemps.

À la même époque, au lycée, comme pour compenser mon échec, je suis devenu le premier de la classe. J'ai obtenu le bac avec une mention et j'ai été accepté en classe préparatoire. Mes parents étaient contents de ma réussite scolaire mais je reste persuadé que si j'avais levé les bras en vainqueur à l'arrivée d'une course, même la plus insignifiante, si j'avais rapporté un bouquet à ma mère, rien qu'une fois, leur joie aurait été bien plus forte.

7.

DIX-SEPT ANS, COCHONOU, #INSTAGRAM, PIERRE ROLLAND ET L'*ILIADE*.

J'avais donc dix-sept ans quand j'ai raccroché mon vélo. Mon histoire avec le cyclisme était terminée. Elle n'avait pas été glorieuse comme c'est le cas de la plupart des sports pratiqués par les gamins. On garde les bons moments quand même : les séances de gymkhana au début pour trouver le juste équilibre et maîtriser sa bicyclette, une échappée ou deux, cet entraînement où on a roulé tout seul à 33 de moyenne et la fierté de le raconter de retour à la maison.

On oublie le froid, les grêlons qui frappent les joues, l'humidité du cuissard, et la peine qu'est celle qu'on éprouve alors que le peloton s'éloigne sans qu'on n'y puisse rien faire. Jamais la nostalgie de raccrocher un dossard, seulement l'envie, parfois, de lever les bras comme on le faisait à l'entraînement face aux copains dans les sprints aux pancartes.

J'avais fini par oublier le vélo. Je ne regardais plus Paris-Roubaix ni le Dauphiné, et presque jamais le Tour de France, ou alors sans passion. Je m'étais même surpris un dimanche à râler sur un bénévole car une course de vélo bloquait ma voiture à un carrefour et risquait de me mettre en retard. D'une certaine façon, je rejetais ce sport, j'avais l'excuse du dopage en plus. C'était parfait.

J'ai voyagé, j'ai lu, j'ai bu des vins magnifiques. Les braquets, les guidolines, les tiges de selle et la rigidité des fourches, c'était bien pour les autres, si ça les amusait. Au fond, je m'en fichais. J'avais la prétention de mieux valoir que tous ces « ploucs » qu'on moquait tant, assis sur les talus, bouteille de pastis pas loin, débardeur sur les épaules, bob Cochonou sur le crâne, et qui n'avaient rien de mieux à faire que mater des coureurs aux maillots bariolés dans la fournaise de juillet. Je ne voulais plus devenir Richard Virenque mais plutôt Bel-Ami. La redingote m'irait sans doute mieux que le maillot à pois. Mais je ne suis pas devenu Bel-Ami non plus. Tout ça à cause d'un gamin et de ses genoux qui saignaient.

Un jour, j'étais dans un parc à Paris, le parc Georges-Brassens dans le quinzième, pas loin de là où j'habitais à ce moment-là. C'était en 2009, j'avais vingt-cinq ans et j'étais instituteur depuis peu. Je lisais un livre dont j'ai oublié le titre et le sujet quand mon attention a été attirée par une scène. Il y avait un enfant de quatre ou cinq ans perché sur son vélo avec son père qui lui tenait la selle pour favoriser son équilibre. La mère du petit l'encourageait. À un moment, sans prévenir son fils, le père a lâché le vélo. Le petit, qui ne s'en était pas rendu compte, a accéléré, il a pris beaucoup de vitesse. Sans qu'on sache pourquoi, d'un coup de guidon, il a viré sur la gauche, sa roue avant a chassé et il a valdingué par-dessus sa bécane. Ses parents se sont précipités sur lui alors qu'il hurlait. Ils l'ont consolé. Les genoux du petit saignaient.

Sa mère a nettoyé la plaie avec un Kleenex qu'elle a humidifié de sa salive. L'enfant a arrêté de pleurer. Après, il est remonté sur son vélo en séchant ses larmes et en reniflant sa morve. La mère et le père étaient admiratifs du courage de leur petit garçon.

Il doit avoir quinze ans aujourd'hui, le petit gars du parc Georges-Brassens, et je suis prêt à parier qu'il sait faire du vélo sans roulette désormais. Je suis rentré chez moi tranquille et tout à coup, en ouvrant la porte, je me suis demandé : « Comment fait-on pour apprendre à faire du vélo quand on n'a ni papa, ni maman ? » Je venais de trouver l'idée de mon premier roman et une anecdote parfaite pour émouvoir les gens.

Je n'ai aucun souvenir d'avoir écrit *Là où leurs mains se tiennent #psy #deni #instabook #autopromo* et pourtant il existe puisqu'il est rangé dans ma bibliothèque près de la coupe de ma troisième place en cadet 2 dont je viens d'éjecter les playmobils de mon fils après avoir rédigé le passage juste avant.

Je me souviens simplement des trois semaines de juillet au cours desquelles j'ai rédigé la dernière partie. J'allais courir le long des falaises entre Saint-Michel-en-Grève et Locquémeau dans les Côtes-d'Armor, près de la maison de mes parents où je passais les vacances, j'entendais le bruit de la mer *#psyencore #holiday #passionrunning #œdipe #instabook* et je voyais mentalement s'écrire le chapitre suivant. Je rentrais à la maison et me précipitais sur mon ordinateur pour figer tout ça. Je ne prenais même pas le temps de me doucher, ce qui n'est pas formidable du point de vue de l'hygiène, de peur que le texte m'échappe. C'était magique.

J'ai mis longtemps à assumer que c'était un livre de vélo, comme si je ne voulais plus du vélo dans ma vie, comme si le cyclisme n'était pas assez bien pour mon travail ou pas assez bien pour la littérature. Comme si je reniais mes origines qui ont leurs racines dans les courses de campagne, dans les rayons qui fendent l'air, dans l'odeur de camphre de ces huiles que l'on se passe sur les mollets pour les réchauffer avant d'aller rouler, les jours froids. Mais ce n'était pas facile de défendre le fait qu'il ne s'agissait pas d'un livre de vélo car en couverture, c'était la photographie d'un cycliste qui regarde en arrière, un cycliste professionnel : Pierre Rolland.

Il faut dire que depuis quelques années, Marion, ma cousine, « fréquentait un coureur », comme on disait dans la famille. L'histoire semblait sérieuse et elle nous l'avait présenté quelque temps auparavant. Il était d'accès facile et avec mes cousins nous ne nous sommes pas privés de lui mettre la cuite rituelle de celui qui entre dans la famille. Il en a pris une sévère dont il se rappelle sans doute moins que de sa victoire à l'Alpe d'Huez en 2011 devant Samuel Sanchez et Alberto Contador. Je me souviens m'être dit, en pensant à Pierre Rolland, qu'il fallait le considérer simplement comme « un mec comme tout le monde ». Mais c'est faux. Les coureurs ne sont pas des mecs comme tout le monde. Les héros de l'*Iliade* sont-ils des mecs comme tout le monde ? Je ne crois pas.

8.

TINA ARENA, ARCHE DE CARBONE, GLANDON, OCAÑA ET SOLEIL.

Pierre a accepté de bon cœur d'être en couverture du livre et moi je mettais en avant le fait que c'était la famille davantage que le coureur. J'ai écrit d'autres livres, Pierre a gagné d'autres courses et un jour, avec ma cousine, ils se sont mariés. C'était à Orléans, le maire était là pour les accueillir, en écharpe bleu, blanc, rouge, prêt à célébrer l'union de l'une des célébrités de la ville.

Pierre attendait devant l'hôtel de ville dans son costume blanc, blanc comme le maillot de meilleur jeune qu'il portait sur le podium des Champs-Élysées le dimanche 24 juillet 2011, tendant son trophée vers le ciel à côté de Samuel Sanchez, de Mark Cavendish et de Cadel Evans, le vainqueur. Quand je pense qu'on est allés jusqu'à faire venir la malheureuse Tina Arena pour chanter l'hymne australien...

Marion, ma cousine, est apparue en robe de mariée au bras de son père. Elle était superbe. Elle rayonnait.

Pierre pleurait et beaucoup d'invités faisaient comme lui. Mes tantes essuyaient leurs larmes au coin de leurs yeux en ouvrant grand la bouche, je n'ai jamais compris pourquoi les filles font comme ça.

À chaque fois que je vois Marion, j'entends le téléphone qui sonne dans la nuit qui s'en va. C'est sa mère, Anne-France, qui appelle pour s'assurer que mes sœurs et moi sommes bien réveillés. Ma mère est partie à l'usine à quatre heures, pour « sexer » des poussins, ça fait rigoler les copains quand je leur dis le mot. Je décroche, et raccroche aussitôt, et ça veut dire que tout va bien, nous sommes en train de nous préparer. Elle pourra venir nous prendre pour nous emmener à l'école primaire. Quarante-cinq minutes après, elle est là, avec Marion et Pauline la cadette dans le fond de la voiture, Hugo, leur frère, n'est pas encore né.

Voici la messe, dans la cathédrale d'Orléans. C'est beau. Les photographes en ont pour leur argent. Je suis assis le dos bien droit, le programme de la cérémonie à la main, à côté de mes cousins qui ont tous fait du vélo, eux aussi. On les a repérés sur un banc à notre gauche, un peu devant : les collègues de Pierre. Les coureurs pros !

Mon cousin Tony, dont le père, Michel, a été cycliste professionnel au sein de l'équipe Lejeune BP dans les années 70, égrène les noms : Cyril Gautier, Jérôme Cousin, Giovanni Bernaudeau, Jimmy Engoulvent, Tony Hurel, Vincent Jérôme, Yohann Gène, Christophe Kern, Alexandre Pichot, Kévin Réza et il dit, pour finir : Perrig Quéméneur.

Il y a Perrig, le voleur de bouquets. Celui qui m'a mis tant de tours dans la vue. À cet instant, j'ai quatorze ans, je suis dans le peloton, je le vois qui s'élance, qui s'éloigne de nous sans un regard, qui s'en va rafler la mise comme il le fait chaque dimanche. Perrig est là, il rigole avec les autres. Je suis sûr que croiser dans le métro une femme que l'on a aimée vingt ans avant ne fait pas plus d'effet ou sinon c'est qu'on en meurt d'émotion.

La célébration s'achève, le prêtre est dynamique, il a mis une bonne ambiance. Nous sortons de la cathédrale pour fêter les mariés. Sur le parvis, les collègues de Pierre se sont chacun munis d'une roue de bicyclette, les plus malins ont pris une roue avant pour éviter de se salir avec les pignons de la roue arrière. Ils vont rendre hommage comme on fait chez les coureurs.

Les mariés apparaissent dans la lumière du jour, à bout de bras les coureurs tendent leur roue, et voilà Marion et Pierre qui avancent, le dos un peu courbé, splendides, sous une arche de carbone.

Ensuite, c'est la photo officielle avec l'ensemble des invités, tout le monde montre ses dents. Bien comme il faut.

Il passe devant moi avec une fille à son bras. Il n'a pas vraiment changé. C'est Perrig. J'hésite un instant à aller lui dire bonjour mais je ne veux pas perdre la face s'il ne me reconnaît pas. Je fais mine de rien. On verra plus tard.

Plus tard c'est la fête, toute la famille est réunie, les amis du couple, les coureurs et leurs compagnes, des membres de l'encadrement de l'équipe, des mécaniciens, des assistants, des soigneurs.

Je commence à être bien soûl... Ma copine, le ventre gros et rond, est partie se coucher, elle m'a dit : « Amuse-toi bien, tu me rejoins bientôt ? » J'ai répondu que je buvais un dernier verre vite fait et que je filais près d'elle tout de suite après. Dans deux jours mon fils naîtra mais je n'en sais rien. Tu parles d'une surprise, six semaines d'avance.

Douze verres plus tard. Je sors, je crois que je titube un peu. Dehors, malgré la fraîcheur des nuits d'octobre (car les coureurs se marient invariablement en octobre, la saison tout juste achevée, là où les gens normaux préfèrent écourter les vacances des copains en se mariant à la mi-août), il y a des petits groupes qui discutent entre eux. Je vois Pierrot entouré de garçons. Ce sont les coureurs. L'alcool fait que j'ai l'audace de me mêler à la troupe alors que j'ai passé ma soirée à faire semblant de ne pas les regarder même si je ne voyais qu'eux. C'est Pierrot qui parle. Ça rigole avec les cancans du peloton, ça charrie untel, ça rebondit sur un autre. Des noms que les commentateurs citent pendant trois semaines en juillet ou pendant les classiques du printemps, qui sont prononcés là, juste devant moi, par des personnes qui les connaissent. Qui les connaissent vraiment. Qui ont senti leur souffle, qui ont humé leur odeur, qui ont serré leurs mains, qui ont pris leur roue, qui ont éprouvé leur poids alors qu'ils s'effondraient sur leur corps, dans une chute.

Et puis, voilà que Pierrot dit: «Et la Kernasse qui roulait comme une brute. Et moi je lui disais: mais ralentis putain, ralentis! Et la Kernasse qui me disait: vas-y ferme ta gueule! Ferme ta gueule, garde ma roue!» La Kernasse, c'est Christophe Kern, il est à côté de Pierre. Il sourit pendant que les autres sont morts de rire. Oui c'est vrai, il disait à Pierrot de fermer sa gueule, oui c'est vrai, il disait à Pierrot de garder sa roue, eh bien quoi, il était sûr de lui, sûr de Pierrot, sûr de ce qu'il allait accomplir pas longtemps après. C'était dans le Glandon.

Derrière, c'était la guerre entre les favoris du Tour 2012, et Christophe Kern, sans se préoccuper de tout ça, ramenait Pierre avec son dossard 29 sur l'avant de la course après que l'échappée qu'ils avaient constituée avec vingt-six autres coureurs s'était délitée.

Dans le peloton, c'est Bradley Wiggins qui se faisait attaquer par tout le monde, Evans, Van Garderen et Nibali et même par un grand échalas, les bras écartés, la tête brinquebalante, un gars de chez lui! Christopher Froome! L'équipier qui se rebellait contre son leader.

On le voyait, Chris, porter la main à l'oreille sans arrêt puis pincer entre le pouce et l'index l'avant de son maillot noir et causer. C'est que ça grondait dans l'oreillette ! « T'es pas fou d'attaquer ton patron comme ça », qu'on devait lui dire en anglais, et Chris avait beau user d'arguments, tenter de se justifier ou de se faire comprendre, il lui fallut ralentir et attendre Bradley tout de jaune et de rouflaquettes vêtu, un peu comme Alexandre Dumas mais plus maigre, et alors Chris Froome en était réduit à vivre la vie d'Auguste Maquet, nègre du grand homme. On verrait l'été d'après de quel bois était fait Chris et s'il était capable d'écrire lui-même ses propres histoires.

À dix kilomètres de l'arrivée, le dossard 29 qui était accroché avec quatre épingles à nourrice et un renfort d'adhésif au dos de Pierre s'est enfui avec lui. Il faut dire que dans la descente qui précédait, Pierre est tombé (mais c'est une habitude assez récurrente chez Pierre, il est myope comme une taupe, et je suis sûr qu'il voyait à peine les vidéos projetées à son mariage et qu'il a dit que c'était super pour être poli. Il a dû les regarder tranquille chez lui avec ses lunettes sur le nez la semaine qui a suivi la noce). Pierre s'est relevé tout d'un coup, un peu vexé comme le sont les gens qui se cabanent. Il portait déjà sur le coude une compresse maintenue par un filet pour protéger une plaie plus ancienne de la poussière soulevée par le vent, et il a fini la descente en faisant attention de ne pas tomber de nouveau.

Après qu'il eut largué ses derniers compagnons d'échappée, il a monté le col à bloc. Il a fini tout seul car il voulait les cris de la foule et l'hélicoptère rien que pour lui, il a embrassé un petit médaillon en franchissant cette ligne qui faisait de lui un vainqueur d'étape du Tour. Pour la seconde fois.

Christophe Kern, son équipier, était loin, écoutant à l'oreillette ce qu'un directeur sportif racontait la voix pleine de joie : la victoire de Pierre qui se dessinait, facile pour celui qui l'observe à la télévision. Pour Pierre les honneurs, et pour Christophe les mots, ceux de la reconnaissance, et les souvenirs d'avoir été là, d'avoir dit à Pierre de fermer sa gueule et de prendre sa roue, putain. C'était un 12 juillet.

Un autre 12 juillet, une autre année, l'année 1972, un autre grimpeur avait marqué d'autres esprits et écrit le passé. Il s'appelait Luis Ocaña. Un Espagnol qui en faisait voir de belles à Merckx.

On me voit venir. Un livre de vélo dans lequel on ne parle pas d'Antoine Blondin, c'est péché ou sacrilège, je ne connais pas bien la différence entre les deux. Quoi qu'il en soit, et si c'est vrai, alors je suis un bon chrétien et il suffit de convoquer le corps d'Ocaña couché au sol, le maillot jaune à terre donc, et le col de Menté dans les Pyrénées et l'orage, pour voir les mots de Blondin, et ainsi régler leur dû aux anciens à défaut de pouvoir leur payer le coup puisqu'on est né trop tard ou qu'ils sont morts trop tôt, ces cons-là : *« Luis Ocaña n'était peut-être pas intrinsèquement le meilleur de cette course, mais il en était le soleil, formant d'ailleurs avec l'astre lui-même un couple indissociable, dont la chaleur et le rayonnement complémentaires nous éblouissaient depuis quatre jours. Il aura suffi que le ciel se couvre durant vingt minutes sur les Pyrénées pour qu'un bref cyclone, aux dimensions d'un cataclysme, couche au sol notre bel épi gorgé de lumière, qui s'apprêtait pourtant à retrouver là son terreau et son terroir de prédilection pour notre plus grande joie. »* (Chronique du 13 juillet 1971 dans le journal *L'Équipe*.)

Ce jour-là, a écrit Antoine Blondin, le Tour avait perdu son soleil deux fois. Et derrière ce lyrisme beau à pleurer on comprenait toute la douleur de l'observateur impuissant, du supporter réduit au rang de témoin puisque ses encouragements n'y peuvent plus rien. Le bel épi s'était couché en même temps que le soleil et il avait fallu attendre quarante et un ans pour le voir revenir. Il s'appelait Pierre, il avait le même âge que Luis, et il portait une tunique verte.

Oui, ce jour-là Pierre était le soleil. Pas celui des gens qui parlent de la météo pour cacher le fait qu'ils n'ont rien à dire, mais le vrai soleil, celui qui chauffe les cœurs plutôt que les fesses des Hollandais et des Allemands en villégiature sur les bords de la Méditerranée, mais c'est une autre histoire.

9.

HÉLICOPTÈRE, PAULINE, FRIDA, LA COLONNE BRISÉE, À-VALOIR ET MON CORPS.

Je me suis levé le matin suivant le mariage, je n'étais pas frais. J'ai touché le ventre de ma compagne et constaté avec satisfaction que je n'étais toujours pas père. J'avais pris une cuite, la belle affaire, il serait bien temps de vivre ensuite comme un adulte.

— Tu t'es soûlé ? elle m'a demandé.

— On peut dire ça, oui... j'ai répondu en une quinzaine de secondes, pesant bien chacun de mes mots.

— Et si j'avais accouché, tu imagines ? Tu aurais l'air malin, ivre à la maternité ! C'est pas sérieux, franchement, tu m'as dit que tu me rejoignais vite...

— J'étais avec Pierre et les coureurs, on a discuté avec Perrig Quéméneur, tu sais l'équipier de Pierre avec qui je courais gamin ? C'était super sympa. Il se rappelait bien de moi et il a lu *Là où leurs mains se tiennent*, il a adoré même !

j'ai dit, et comme je n'étais plus à un mensonge près, j'ai eu cette formidable fulgurance pour sauver la face : on a parlé de faire un livre ensemble. Ça s'appellerait *Équipiers* et on mettrait en avant les coureurs moins connus. Je vois d'ici le début du livre : Cinquante hommes sont au sol. L'opérateur dans l'hélicoptère qui les survole répond aux ordres du réalisateur et cherche avec sa caméra si, dans cet amas de carbone et de chair, se trouvent le maillot jaune ou un de ses concurrents. Ils n'y sont pas. Le réalisateur commande alors au pilote de s'en aller pour retrouver la tête de la course et abandonne à leur sort et à leur douleur ces équipiers anonymes. Pour la première fois on parlerait vraiment d'eux. Je pourrais écrire sur ces gars-là, et Perrig pourrait être un des personnages.

– Ah ouais ? Et tu comptes faire ça quand ? a demandé Béatrice (qui se doutait que je mentais, elle vient de me l'avouer en relisant le passage, et se plaint de passer pour une râleuse).

– Ben je sais pas moi, quand j'aurai un peu de temps. Donc je ne me suis pas juste soûlé ! Ou en tout cas c'était une cuite bien utile. Tu vois le mal partout, je faisais ça pour toi et pour le bébé, pour que mon fils soit fier de son père. Tu ne comprends rien à l'art de toute façon ! (Quelle mauvaise foi dit Béatrice, on croit rêver.)

C'est ainsi que, pris au piège par mes propres mensonges, je me suis retrouvé trois ans et demi plus tard (quand j'ai eu un peu de temps) à faire la route en direction de La Roche-sur-Yon pour aller discuter avec Perrig et écrire ce livre que vous êtes en train de lire, vous qui comprenez si bien ce qu'est l'art un lendemain de cuite.

Pour être honnête, puisque c'est une qualité valorisée par la société, il faut que je précise une chose sur la suite de la soirée. Car je n'ai pas totalement menti à ma Béatrice et s'il est vrai que j'ai bu en grande quantité, j'ai tout de même parlé, un tout petit peu, avec Perrig.

À un moment, Pierrot m'a vu qui écoutais la conversation, il a fait le lien et a dit à Perrig :

– Hey Perrig, tu dois connaître Greg, il paraît que vous avez couru ensemble quand vous étiez gamins.

Perrig m'a tendu la main, que j'ai saisie un peu fébrile, avec un grand sourire et il a dit :

– Ah, Greg ! Ça va ?

J'étais hyper content, oui il se rappelait donc bien de moi, je n'avais pas été si transparent et ma modeste carrière de cycliste avait laissé des souvenirs jusque dans la mémoire d'un coureur professionnel. Perrig a ajouté :

– Greg comment déjà ?

Il mentait aussi bien que moi.

Au même moment, il y a une fille qui est venue embrasser Perrig dans le cou en disant : « Allez, viens faire un bisou à maman », j'ai reconnu celle qui lui tenait le bras à l'église, il a dit : « Je te présente Pauline. Pauline c'est Greg, on a couru ensemble », elle m'a dit : « Salut Greg » et elle est repartie comme le fait Taz, le diable de Tasmanie de Bugs Bunny, à toute berzingue, mais plus gracieuse tout de même.

– C'est ta copine ?

– Oui, et c'est aussi la mère de mes enfants, on a une petite fille et un tout petit garçon.

On a continué à parler, pas longtemps. J'ai tout de suite trouvé Perrig extrêmement sympathique. Il fait partie de ces gens dont on voit dans le regard une forme de gentillesse pure. Ça fait un drôle d'effet. Ça donne envie d'être comme eux.

À la fin de la conversation, j'avais envie de le connaître davantage. Sans savoir pourquoi, je voulais qu'on partage des choses. Qu'il me parle. Peut-être que c'était comme une revanche sur le fait qu'il n'avait aucune idée de la souffrance de mes dimanches quand lui gagnait tout. Je ne sais pas.

Le premier coureur que j'ai contacté quand la rédaction d'*Équipiers* est devenue une réalité, c'était Perrig, bien entendu. Je lui ai demandé s'il était partant pour me parler de sa vie de coureur, pour me dire comment elle s'est construite, pour me dire comment il vit, comment il rit, comment il pleure, quelles relations il a pu tisser avec ses collègues, qu'il évoque ses courses, ses peines et ses joies. Et qu'on en fasse un livre.

Surtout, mais je ne lui ai pas dit, je voulais qu'il me fasse entendre de nouveau les battements de cœur du peloton.

Perrig m'a répondu par mail qu'il était d'accord, et j'ai lu dans ses mots la même gentillesse qu'il avait eue dans son regard, cette nuit d'octobre 2014, où il m'avait dit : « Greg comment déjà ? »

En même temps que j'ai commencé la rédaction d'*Équipiers*, je me suis remis au vélo. Autant je crois à la force d'imagination des romanciers, autant je crois au pouvoir de la littérature, autant je sais les mondes créés par les mots, autant il me fallait un peu me souvenir de la peine qu'éprouvent les coureurs. Pour les trahir le moins possible, pour trouver les verbes justes et leur poser des questions véritables.

J'ai aussi démarré un régime sévère car je considère qu'évoquer la relation au corps qu'ont les cyclistes passe par l'expérience. Ce n'est pas rien de se lever et d'avoir faim, ce n'est pas rien d'aller rouler et d'avoir faim, ce n'est pas rien de déjeuner et d'avoir faim, ce n'est pas rien de jouer avec ses enfants et d'avoir faim, ce n'est pas rien de dîner et d'avoir faim, ce n'est pas rien d'aller dormir et d'avoir faim. Et le lendemain, recommencer. Mais ça a été un échec. Je suis comme tout le monde : je n'ai pas leur courage.

Je suis allé faire réviser mon vélo qui est une bicyclette de bonne facture que j'avais achetée d'occasion deux ans avant car j'adore acheter des choses inutiles. Elle prenait la poussière depuis, dans le coin d'une cave, à côté d'un mât de planche à voile, d'une aile de kitesurf, d'une guitare, d'enceintes vintage jamais branchées et d'un jeu de clés plates Facom de toute beauté.

Le mécanicien a remplacé la chaîne, il a changé la cassette (un 32 à l'arrière pour s'adapter aux routes de la Suisse que je découvrais) et le dérailleur, un modeste Shimano 105, il a dégrippé des câbles à l'aide d'un produit spécial.

Quand je suis remonté sur le vélo, je me suis senti comme Tom Cruise dans *Jour de Tonnerre*, la scène où il retrouve un volant, rien de moins. J'ai clipsé ma cale dans la pédale et je suis parti à toute allure monter un col que j'avais repéré en voiture la veille. Au bout de quelques kilomètres, je me suis souvenu pourquoi j'avais arrêté ce sport débile. Ce sport de perdant, qui fait un heureux, le vainqueur, et en laisse cent quatre-vingt-dix-neuf dépités. Ce sport qui brûle les poumons, qui traumatise les cuisses, qui courbe les dos, qui broie les couilles et comprime les pieds, qui n'en finit pas de faire mal.

Pour comprendre la souffrance sur un vélo, l'image qui me vient c'est un tableau de Frida Kahlo, et j'espère qu'elle me pardonnera cette comparaison moi qui ne sais rien en réalité de la douleur d'un esprit enfermé par son corps, ce tableau s'appelle « La colonne brisée ».

J'ai fait demi-tour au premier quart du col, vaincu par la pente, et j'ai voulu abandonner l'écriture de ce livre, je pensais que ça n'avait aucun sens finalement. Je suis allé boire un café, seul, puis je suis rentré chez moi.

Sur le chemin du retour, j'ai pensé à mon à-valoir qu'il me faudrait rembourser si j'abandonnais le projet... et je me suis dit qu'il ne fallait pas prendre de décision sur un coup de tête, et que je retournerais faire du vélo le lendemain, pour voir. J'avais tout simplement dû y aller trop fort pour une première fois, ça arrive souvent ce genre de choses.

À la maison, mon épouse m'a demandé si ça avait été et j'ai répondu, en cachant ma défaite et mes interrogations, que oui, ça avait été super. J'aurais simplement pu avouer que je n'avais pas trouvé la force de monter ce col, elle ne m'en aurait pas voulu, c'était certain. Pourtant, j'ai menti une fois de plus, comme je le faisais à mon père en transformant mes sorties laborieuses de trente kilomètres dont je faisais défiler le temps en regardant la mer, caché dans une crique et le vélo planqué dans un buisson, en des entraînements glorieux de plus de soixante. Par chance, à l'époque Strava n'existait pas.

J'ai pensé que j'en étais encore là. Je suis allé prendre une douche.

Et puis, tout à coup, j'ai dit la vérité : que j'avais abandonné au quart ! Ça n'a rien fait à Béatrice. Parce qu'elle n'avait aucune idée, bien entendu, de ce qu'est une vie de cadet.

Alors je lui ai dit, superbe : « J'y retourne ! » *#tomcruisestyle*, elle a dit : « OK, d'ac » en même temps qu'elle secouait le biberon de notre petite fille. J'ai remis mes vêtements, serré mes chaussures de vélo, j'ai enfourché ma bécane et je suis reparti grimper ce maudit col. Ma montée fut lente, longue et besogneuse mais j'y suis arrivé. J'ai pris une photo de mon vélo devant le panneau qui indique le sommet et je l'ai postée sur les réseaux sociaux comme font les autres.

Ensuite, j'ai multiplié les sorties pour atteindre un niveau qui me permettrait de rouler avec les coureurs sans être ridicule, la forme, et le coup de pédale, sans être flamboyants, sont revenus assez vite.

ÉQUIPIERS

Car je voulais parler avec ces coureurs dont on dit les noms en juillet et pendant les classiques du printemps, pour sentir leur souffle, pour humer leur odeur, pour serrer leurs mains, pour prendre leur roue, pour éprouver leur poids alors qu'ils s'effondreraient sur mon corps, dans une chute.

10.

PEUGEOT-WOLBER, MOLLETS, POUMONS, AMÉLIE POULAIN ET OPALINE.

Je suis arrivé devant la maison de Perrig. J'avais mon vélo dans le coffre, et dans mon sac : un maillot neuf, un cuissard neuf, des socquettes neuves, des lunettes de marque, des gants neufs et un casque neuf. J'avais bien pensé à jeter les étiquettes de tout cet attirail dans une poubelle à la station-service juste avant. Je voulais donner à Perrig une bonne image de moi.

Au-dessus de la porte, il y avait gravé dans la roche cette date : « 1914 », et j'ai pensé à l'instituteur en haut de sa perche d'artilleur, et aux coureurs partis fin juin pour le Tour de France et arrivés deux jours avant le déclenchement de la guerre. Sur les treize premiers, dix étaient de la même équipe : la Peugeot-Wolber ! La Team Sky peut aller se rhabiller.

Perrig a ouvert la porte. Il était en tenue complète du Team Direct Énergie et j'ai pensé : « Ça y est, j'y suis. »

Il portait la tenue d'hiver avec manchettes et collant long, tout lui allait parfaitement sur ce corps dessiné par un demi-million de kilomètres. Il a regardé le ciel et a dit : « Il fait un temps superbe et je me suis habillé comme si j'allais courir Milan-San Remo », j'ai rigolé et il a dit : « Ça va, toi ? T'as fait bonne route ? » Il m'a invité à entrer.

Son garçon marchait dans le couloir avec les cheveux en bataille, les yeux encore petits, du sommeil qui manque. Perrig lui a demandé : « Tu dis bonjour à Grégory, s'il te plaît ? » Il m'a dit bonjour et sa grande sœur, cachée par le canapé, a fait comme lui. J'ai dit pour les taquiner : « Alors, bientôt la rentrée ? » mais ça n'a pas eu l'air de les déranger.

Perrig a fait couler un café. Je l'ai remercié de participer au livre. Il a dit : « Bah tu plaisantes, ça me fait plaisir ! » Il n'avait rien perdu de sa gentillesse dans le regard, il avait encore, dans ses intonations, des restes de cet accent breton que j'aime tant.

C'était formidable d'être dans sa cuisine, d'entendre les dessins animés de ses gamins, de boire un café. C'était comme retrouver un vieux copain, ou quelque chose comme ça.

Pauline, la compagne de Perrig, est arrivée par l'escalier en vieux bois. Les marches, arrondies au bout, craquaient sous ses chaussons. Pauline était plus calme que la dernière fois où je l'avais vue, mais toujours pétillante, elle m'a fait la bise, m'a demandé comment ça allait, ses cheveux étaient encore humides. Elle sentait bon le shampoing.

— On va rouler alors ? a fini par dire Perrig.

J'ai demandé à regonfler un peu mes pneus et nous sommes partis sur ses routes d'entraînement pour deux heures de vélo, peut-être un peu moins. Et là, on a commencé à vraiment causer.

Parce que le vélo est aussi un formidable prétexte pour tisser des liens, pour se livrer, pour parler des choses de la vie les plus futiles ou les plus décisives. À deux, sur des petites routes, avec le vent dans les arbres, avec l'odeur des herbes sèches fraîchement coupées et le piaillement joli des oiseaux, l'intimité est totale et quiconque a posé ses fesses sur une selle, quiconque est parti rouler avec une personne qu'il aime bien le sait, quand c'est comme ça, il n'y a rien de plus beau que le vélo.

Je ne savais pas vraiment par où commencer alors j'ai voulu commencer par le début. Car il faut un début.

Je lui ai rappelé ses courses d'enfants auxquelles j'avais participé à ses côtés comme des dizaines d'autres gamins. Il ne les remarquait même pas. Mais eux se souvenaient de lui. Ces gamins qu'il dominait de la tête et des épaules ou plutôt des cuisses et des mollets. Du cœur et des poumons.

On aurait tant voulu être comme lui, partir quand bon nous semble, attaquer au moment choisi, revenir sur les échappées et les larguer sans difficulté apparente, accumuler coupes et médailles et les exposer ensuite aux amis de la famille, dans des vitrines en verre.

Je lui ai confié la recherche qui était la nôtre sur les programmes vendus dix francs, et la déception quand on voyait son nom et son numéro de dossard en face, parce que nous comprenions que, dès lors, la course, pour nous, était perdue. Et j'ai admis aussi notre admiration de le voir remporter toutes les victoires, tous les dimanches. Et Perrig a répondu du tac au tac : « Greg, c'était nul. »

Je ne l'ai pas compris. Comment pouvait-il renier ces années ? Comment pouvait-il manquer de respect à tous ceux qu'il avait battus ? Comme si notre déception de ne jamais gagner avait été une illusion, comme si nos heures d'entraînement et les rêves qu'on avait de faire comme lui n'avaient jamais existé. Et Perrig a continué :

– C'était nul parce que tout ça, c'était faux. Je ne gagnais pas parce que j'étais le meilleur ou parce que j'étais le plus malin. Pas même parce que j'étais le plus courageux ou le plus teigneux. C'est simplement que j'ai fait ma croissance plus vite que les autres. Le vélo comme ça n'a aucun sens, et j'ai mis du temps à le comprendre.

— Mais pourquoi t'as fait du vélo alors ? j'ai demandé.

Il a parlé. En dessous des feuilles d'arbres baladées par le vent, dans l'odeur des herbes sèches fraîchement coupées, parmi le piaillement joli des oiseaux. Et j'ai compris.

Perrig était le plus jeune de la famille, il rendait plus de dix ans à son frère et à sa sœur. Il était arrivé le petit, dans la vie de Martine et Yves, ses parents, comme un extra. On se doute comme il a dû être choyé, et de ce qu'il dit de ses premières années, il a été heureux. L'avantage quand on est le dernier, avec une telle différence d'âge par rapport à ses aînés, c'est qu'on se retrouve vite seul à seul avec ses parents, ce qui est souvent la position la plus confortable.

Quand Yann, le grand frère, a eu dix-huit ans, Perrig et ses huit ans et demi aurait dû vite se retrouver dans la position de l'enfant-roi qu'on critique tant aujourd'hui. Seulement, ça ne s'est pas passé comme ça. Et je crois que cette vie qui ne s'est pas déroulée de façon linéaire est une explication importante de la bonté que l'on trouve dans les yeux de Perrig et aussi, puisque c'est le sujet de ce livre, et que les digressions ça va bien cinq minutes : de son rôle d'équipier dans lequel il s'est réalisé.

Car Martine, la mère de Perrig, a pris une décision importante un jour, et Yves, son mari, l'a soutenue : elle allait faire le bien autour d'elle, un peu comme Amélie Poulain, qui n'existait pas encore d'ailleurs, et sans le sépia. Elle s'est rapprochée de l'administration pour accueillir des petits malheureux. Des petits malheureux oui, il n'y a pas d'autres mots. Des enfants blessés dans leur chair et dans leur âme par ce monde des adultes qui ne prenait pas soin d'eux comme il faut. Elle est devenue famille d'accueil. Des enfants, des petits garçons, des petites filles, certains encore bébés, sont entrés dans la maison des Quéméneur. Et Martine et Yves et Perrig et Yann et Annaïck ont pris bien soin d'eux. Les enfants perdus de Peter Pan, non pas au pays imaginaire mais à Plouescat, un bled du Finistère nord avec des plages à l'eau couleur d'opaline.

11.

PAT' PATROUILLE, VENDÉE, CIORAN, VIE DE BOHÈME ET OUF.

À un feu rouge sur le chemin du retour, un homme qui causait avec une femme sur le trottoir d'en face a fait signe à la dame qu'il revenait dans deux secondes et il s'est avancé d'un pas décidé vers Perrig et lui a demandé s'il était coureur professionnel. Perrig lui a répondu que oui, et l'homme est reparti tout content vers la femme en disant : « Tu vois, j'avais raison. » Il ne lui a pas demandé comment il s'appelait. Coureur professionnel, c'était l'identité de Perrig.

Je demande à Perrig si le métier de sa mère, et sa vie tournée vers les autres qui va avec, ou si le métier de son père, et la vie rude et froide qui vont avec, ont pu jouer sur sa carrière, comme je le crois. Si c'est cela qui a conditionné son mental pour faire de lui un équipier ? Offrir sa force pour le succès d'un autre, vivre une vie rude et froide. Il répond, hésitant : « Non, je crois pas, ou alors inconsciemment. »

Pourtant, au cours de ces heures passées ensuite dans la cuisine de sa jolie maison entre deux cafés et trois épisodes de la Pat' Patrouille, les mots qui sont revenus le plus souvent dans les paroles de Perrig étaient « famille » et « humain ». (J'ai voulu vérifier en réécoutant notre conversation mais je me suis trompé, ce qu'il a dit le plus était : « C'est dur. » « Famille » et « humain » arrivent juste après.)

Sa famille, Perrig l'a quittée, il était encore mineur. Il a laissé dans son dos la Bretagne, car il lui semblait que cette péninsule tout à l'ouest de la France dont le dessin sur le planisphère donne à voir une tête de dragon qui essaie de boire la mer, eh bien cette péninsule était trop petite pour abriter ses rêves de peloton.

Il s'en est allé en Vendée, rejoindre l'éphémère équipe Vendée U junior, petite sœur du Vendée U, qui est l'équipe amateur et la réserve du groupe pro de cette équipe qui s'est appelée tour à tour Bonjour, Brioches La Boulangère, Bouygues Telecom, Europcar, Direct Énergie et d'autres noms encore, mais c'est toujours la même, celle de Jean-René Bernaudeau.

Le Vendée U est une pépinière. On y fait pousser des coureurs là où d'autres font pousser des cèdres, des pruniers ou des catalpa boules. L'équipe junior fut éphémère car elle était si forte qu'elle condamnait tout suspense, décourageait les autres équipes du coin, elle écrasait tout. L'équipe s'est sabordée au bout d'un an, pour le bien du vélo.

Perrig, lui, est passé espoir. Quel doux mot que celui d'espoir. Emil Cioran, qui n'est pas le dernier pour rigoler, a dit : « Espérer c'est démentir l'avenir. » Eh bien ça se voit qu'il n'a jamais été faire du vélo avec Perrig ou regardé un épisode de la Pat' Patrouille avec sa fille car il saurait qu'au moment où Perrig est « passé espoir », il n'avait pas de raison d'*espérer* son passage en pro, il n'avait aucune raison de vouloir démentir l'avenir pour accomplir son rêve, c'était écrit. Ça devait advenir.

On lui répétait depuis tellement longtemps, à Perrig, qu'il serait pro. Pas dès sa première sortie de vélo avec son grand frère, où il lui avait fait si mal et avait épaté son père, il y a toujours des histoires de frères quelque part, mais pas longtemps après, quand il s'est mis à tout gagner.

Je ne peux pas m'empêcher de ramener ma science et je lui dis la phrase de Cioran à Perrig, mais voilà qu'il est de son côté et m'explique qu'en effet, il a espéré des années durant devenir pro mais que longtemps, il a pensé que ce ne serait pas son destin. Il lui a fallu démentir l'avenir. Lui aussi.

Perrig revient à des considérations physiologiques pour l'expliquer. Ses victoires pré-pubères étaient le fruit d'une croissance précoce, d'un développement musculaire avec un temps d'avance. Il ne jouait pas en rythme avec l'orchestre physique des gens de son âge. Il les devançait. Et c'est pour cela qu'il gagnait, pour cela que les mères voulaient lui interdire de prendre part aux courses de leurs gamins.

Sauf qu'un jour, Perrig s'est arrêté de grandir. Ses muscles étaient arrivés à maturité. Son système cardio-vasculaire était celui d'un homme. Ses tissus, ses fibres et ses tendons étaient à leur place. Il ne progresserait plus de ce côté-là, c'était fini. Son corps était adulte. Mais les autres ont continué de voir leurs jambes s'allonger, de voir leurs bras s'étendre, tandis qu'en eux, leur cœur grossissait. Ils refaisaient leur retard.

Dès lors, les années espoirs n'ont rien eu à voir avec celles en cadets ou en juniors. Perrig continuait de gagner parfois, de faire mal aux autres souvent. Sur certaines courses, il lui arrivait même d'être l'un des favoris, mais ce n'était plus avec la même facilité. Il devait s'y reprendre à plusieurs fois pour larguer des adversaires dont il se jouait sans peine deux ans auparavant. Et, de temps à autre, certains d'entre eux finissaient par le décrocher lui, et lui signifier ainsi, dans une violente attaque, que les jours où, gamin, Perrig les avait humiliés sans malice certes, simplement parce qu'il était plus fort, eh bien ces jours-là étaient terminés.

Perrig dit à ce propos : « La plupart des mecs comme moi, qui gagnaient beaucoup gamins, ne sont jamais passés pros. Parce qu'on s'habitue trop vite à gagner, à mettre des branlées à tout le monde. Mais le jour où ça s'inverse, tu comprends plus rien. Tu penses que t'es devenu mauvais tout à coup, tu en veux à ton esprit trop faible, à ton corps plus bon à rien. Tu t'effondres, tu renonces. T'achètes deux crochets et tu pends ton vélo pour de bon.... Pour moi, les mecs qui ont le plus de chances de passer pros et d'y rester, ce sont ceux qui ont pris des volées chez les jeunes non pas parce qu'ils étaient mauvais mais parce que leur croissance était plus tardive. Ces gars-là sont habitués à se faire mal, ils sont habitués à tout faire pour s'accrocher, comme des crève-la-dalle, quitte à exploser... et le jour où ils rattrapent les autres physiquement, ils deviennent des tueurs car ils savent ce que c'est de souffrir, d'avoir mal, de galérer. D'ailleurs on remarque que les tout meilleurs ont commencé vraiment à marcher en espoirs, pas forcément beaucoup avant. »

Mais Perrig, malgré l'aisance qui disparaît, s'accroche. Car l'idée que les autres avaient pour lui, celle de devenir coureur professionnel, il a fini par la faire sienne.

Et puis, en plus de ça, il est amoureux de cette fille qu'il a rencontrée au lycée. Au sport-études. Elle s'appelle Pauline et il veut continuer de l'impressionner, elle n'est pas en section sport mais elle aussi est différente des autres élèves. C'est-à-dire qu'elle passe « prioritaire » au self, comme Perrig, car elle est engagée dans une voie particulière : la « section mode ». C'est bien pratique pour se retrouver ensemble à l'heure du déjeuner. Aujourd'hui, Pauline vend de la joie, elle fabrique des robes de mariée, elle rend heureux les amoureux.

Cinq ans en espoirs avant de passer pro. Ça, on pourra dire que Perrig aura vu ce que c'était que les essors, les élans, les challenges espoirs, et autres courses de l'avenir. Il n'y est jamais ridicule. Mais Perrig a un souci : il sprinte sans faste et grimpe sans ostentation. Cela l'empêche de gagner. Et c'est ce qui lui manque pour signer au bas d'un contrat.

La dernière année, il a fini ses études, il habite dans un petit appartement et vit de défraiements un peu gonflés et de maigres primes. Perrig y repense et dit : « Quand on est jeune, on n'a pas besoin de grand-chose. » Pour ce qui le concerne, de l'eau dans les bidons et de l'air dans les boyaux. La vie de bohème, mais sans clope, sans alcools et sans drogue. La vie de sportif aspirant.

Il faut bien le dire, la dernière année il ne faisait pas le fier. Il pensait que c'était celle-là ou jamais, il avait fait le tour de ce qu'il avait à faire en amateur. Allait-il passer pro ou pas ? Ça le rendait malade et difficile à vivre. Il aurait fait tout ça pour rien ? Non, il ne voulait pas y croire.

Il avait Jean-René Bernaudeau, le patron de l'équipe, au téléphone de temps en temps. Quand Perrig évoquait des formations, plus modestes certes, mais professionnelles tout de même, qui lui tournaient autour, Jean-René lui conseillait d'attendre encore un peu.

Jean-René a fini par le prendre stagiaire avec toute la panoplie des pros, du casque aux socquettes (Perrig dès lors ne cessait de s'entraîner avec) pour la fin de saison 2007, où il a fait un superbe Tour du Limousin. Il s'est dit : « Si ça se trouve, moi, pro, je vais casser la baraque. » Perrig sentait la chose arriver mais il ne pouvait être sûr de rien.

Un jour, Jean-René l'a convoqué au manoir des Essarts que Perrig connaissait bien pour y avoir vécu quelque temps, plus ou moins en pension, comme beaucoup de jeunes espoirs, et il lui a dit : « Perrig, je vais te proposer un contrat pro. Et tu vas le rester au moins dix ans, tu verras. »

C'était il y a douze ans et Perrig, il le sait, est aujourd'hui au crépuscule de sa carrière. Douze ans. Jean-René ne s'était pas trompé.

Perrig, sans le montrer à Jean-René, a poussé un gros « ouf » de soulagement, il a senti un poids le quitter. Soudain, il s'est senti plus léger. Il lui fallait maintenant non pas trouver sa place, car cela aurait dépendu d'un autre, mais l'inventer. Et cela ne dépendait que de lui.

12.

TOUR DE FRANCE, CALIFORNIE, THOMAS VOECKLER ET MIRACLE.

Le 1er janvier 2008, à vingt-trois ans, Perrig avait officiellement un métier à donner lorsqu'on lui demandait son activité : il était coureur professionnel.

Alors bien entendu, certains, ignorants de la chose cycliste, lui demandaient ensuite, et lui demandent encore : « C'est ton métier, je veux dire tu gagnes ta vie en faisant du vélo ? » et puis, juste après : « Et tu fais le Tour de France ? » Parce que si on ne fait pas le Tour de France, on n'est pas vraiment cycliste, pensent les gens. On ne peut pas leur en vouloir. Même s'ils ont tort.

Aujourd'hui, Perrig voudrait transmettre, raconter les difficultés, dire les joies, prévenir des dangers, indiquer les routes à suivre et celles à contourner. Il n'est pas du genre à bordurer les jeunes qui démarrent comme ça se faisait dans le temps.

Perrig sait bien qu'un gamin finira par prendre sa place et le forcera à prendre sa retraite, il sera encore jeune, comme le sont les sous-mariniers à l'heure de la quille. Il sait que ce gamin, même s'il ignore encore son nom, n'est pas loin. Et si ce gamin a l'intelligence de demander à Perrig des conseils, Perrig les donnera. Et quand il le fera, il dira sa première course avec les professionnels, au Tour du Limousin où, encore stagiaire, il fait dixième et deuxième meilleur jeune et se dit que lui, pro, il allait peut-être casser la baraque. Perrig dira aux gamins comme il faut croire en son étoile, ne pas se poser de limite.

Un jeune frais émoulu, un néo-pro, lui a dit il y a peu qu'il rêverait d'une trajectoire à l'image de celle accomplie par Perrig, une carrière longue, au service des leaders. Mais Perrig lui a dit non, il ne faut pas penser comme ça. Tu dois rêver de victoires, vouloir les médailles et désirer les exploits. Il sera bien temps ensuite de te ranger au côté des équipiers, d'abriter les leaders et de souffrir loin du regard de ceux qui ne supportent que les gagnants.

Le vélo ne ment pas, dit Perrig. Celui qui invoque le manque de confiance qu'on a en lui dans l'équipe, celui qui invoque les circonstances pour cacher son propre échec se ment. « Ça marche pas comme ça », dit Perrig.

Perrig ne s'est pas menti, et même s'il a espéré être un très grand coureur, il a vite compris qu'il n'était pas de taille pour jouer les premiers rôles. Et durant les deux premières années, même jouer les seconds rôles lui semblait inaccessible. Il galérait, c'est ce qu'il dit. Il faut dire que la différence entre le milieu amateur et le milieu professionnel est vertigineuse. On sait évidemment la vitesse plus élevée, la distance plus longue, la tactique plus fine. Mais Perrig dit aussi la gestion des périodes sans courses, ou au contraire l'intensification du rythme des compétitions, le sentiment d'être aspiré par l'arrière à chaque relance du peloton, et la difficulté à récupérer ensuite. Mais aussi la question de ce à quoi il pourrait être bon. Car personne n'en savait rien. Et Perrig pas plus que les autres.

D'abord, on l'a aligné sur les kermesses belges où il a pris bouillons sur bouillons, puis sur les courses comme le Tour de Californie où il s'est fait taper dessus pendant une semaine, et sur des courses prestigieuses où il n'existait pas, mais jamais de grands tours, on n'allait tout de même pas lui donner la place qu'un autre méritait davantage simplement pour le féliciter de sa bonne humeur et de son humour. Il lui fallait gagner sa place. Ça a duré deux ans.

Son anxiété engendrée par ses résultats inexistants lui bouffait la vie jusqu'à détraquer son estomac, il n'en dormait pas la nuit. Fin 2009, il a été blessé et tout aurait pu s'arrêter là. La question d'être conservé ou non dans l'équipe commençait à se poser sérieusement. Il essayait de trouver une solution mais il ne voyait pas comment y arriver. Il pensait que peut-être il était mauvais, tout simplement, qu'il n'était pas fait pour être coureur.

Maintenant, il dit que ça l'a fait grandir, il dit aussi que c'est une sélection naturelle : les faibles ne restent pas. C'est trop dur. Il a fallu attendre l'année suivante pour que Perrig invente parfaitement sa place. À la toute fin de la saison, sur la Vuelta 2010.

Là, il a compris qu'il n'était pas si mauvais. Là, il a compris qu'il pourrait y arriver. Là, il a compris qu'il était fait pour être coureur. Il serait équipier. Rien d'autre. Mais de haute valeur. Ce serait toute sa vie à bicyclette.

Parce que sa force, c'était son endurance, et surtout parce que, pour la première fois depuis son passage chez les professionnels, il avait ressenti un sentiment nouveau à protéger ses leaders, à prendre du vent dans les oreilles, à remonter des bidons pour protéger ses collègues de la déshydratation, à boucher des cassures : ce sentiment nouveau, c'était le plaisir.

« Quand tu prends des branlées week-end après week-end, que t'es planté, que tu te casses la gueule, que tu vois les gars de l'équipe qui ne savent pas à quoi tu sers, que toi non plus tu ne sais pas à quoi tu sers, la notion de plaisir tu ne l'as plus. Tu l'as oubliée. Et quand t'as oublié ça, putain, t'as plus grand-chose quoi... » dit Perrig.

Je demande : « Quand c'est comme ça, les autres gars de l'équipe sont aussi durs avec toi ? Ils se disent en voyant ton nom sur la convocation "Ah mince, il est là lui, il marche pas, ça va être un boulet" ? »

Mais Perrig me détrompe : « Non, quand tu vois un de tes collègues galérer, tu le plains plutôt que de l'engueuler. Mais tu ne peux pas l'aider non plus. Tu te dis que c'est pas de sa faute, le mec n'a pas choisi de galérer. C'est dur le vélo, Greg. C'est pas un plaisir quand on se fait taper dessus. Et puis surtout, il n'y a pas que le vélo dans la vie. Si le mec, c'est un bon mec, t'as envie de l'aider, mais tu ne peux rien pour lui. C'est compliqué... On passe tous par ces moments-là, tous les coureurs, même si t'es un super leader qui a gagné beaucoup, tout de suite, à un moment donné tu vas te prendre une baffe. C'est ça qui fait progresser aussi. À condition de savoir prendre du recul. C'est peut-être ça le plus dur. »

Après les trois semaines à la Vuelta 2010, Perrig a senti qu'il avait franchi un cap à la fois physique et mental. Et c'est à ce moment qu'on lui a appris que tout pourrait s'arrêter. Il s'est dit : « Pas maintenant, c'est trop con. » Parce que le sponsor principal de l'équipe ne prolongeait pas le contrat avec la structure de Jean-René Bernaudeau.

Quand les coureurs ont su les difficultés pour retrouver un sponsor, beaucoup d'entre eux, ceux qui gagnaient des courses, ceux qui avaient une valeur marchande élevée, s'en sont allés, ce qui a engendré des difficultés encore plus grandes pour trouver un partenaire qui accepterait d'investir dans une équipe réputée affaiblie.

Perrig, comme beaucoup d'autres équipiers, n'avait pas d'autre proposition de contrat, c'est aussi l'une des caractéristiques de ce statut, la précarité de la condition. Et c'est Thomas Voeckler qui a assumé son rôle de leader jusqu'au bout.

Thomas Voeckler était rentré dans le quotidien estival des Français en 2004, à une époque où les gendarmes portaient encore des képis, le jour où il troqua son maillot bleu, blanc, rouge pour le maillot jaune, tout aussi étincelant, et qui lui allait au moins aussi bien. C'est une période que j'ignore car elle correspond à celle où l'idée même de vélo me dégoûtait, comme quelque chose que l'on a trop aimé et qu'on finit par détester.

J'ai regardé des vidéos de l'époque sur Internet où l'on voit Armstrong et Ullrich se tirer la bourre, et Thomas Voeckler avec Anthony Charteau filmés dans leur chambre d'hôtel. Ils semblent « jeunes et insouciants » comme l'a écrit Laurent Fignon dans son livre. Et je regrette maintenant de ne pas avoir mes propres souvenirs de ce Tour 2004.

Quand la question de l'arrêt de l'équipe de Jean-René Bernaudeau s'est posée, Thomas n'a pas pris la poudre d'escampette comme beaucoup d'autres l'avaient fait. Il voulait être en accord avec ses valeurs. Il se souvenait que, pour lui aussi, tout aurait pu s'arrêter après deux ans, en 2003, quand l'équipe, qui connaissait des difficultés budgétaires comme c'est souvent le cas dans le vélo, avait déjà bien failli mettre la clé sous la porte.

Thomas Voeckler précise que rien ne l'y a obligé, il voulait le faire. L'équipe était « comme ma famille, comme ma maison, je m'y sentais bien ». Il souhaitait prolonger le moment. Il ne veut pas jouer l'hypocrite ou le chevalier blanc qui se sacrifie, il savait bien que lui ne serait pas au chômage l'année suivante. S'il avait le choix des armes, rester ou partir, c'est aussi parce que les autres, le staff, les équipiers, et leur travail, l'avaient armé en lui permettant d'être performant, de gagner des courses, de se constituer un palmarès, de prendre de la valeur.

Mais sans lui, l'équipe, à ce moment, était sans doute condamnée. Il le savait, c'est vrai. Perrig le savait. Les autres coureurs le savaient.

Perrig me raconte l'attente qui était la sienne à quelques jours du dépôt des dossiers à l'UCI, ce couperet qui validerait ou non la présence dans le peloton professionnel de l'équipe, et son propre avenir. Rien ne venait.

Thomas avait donné sa parole à Jean-René : il attendrait le dernier moment pour signer ailleurs, il ne voulait pas être celui qui condamnerait les autres par son choix. Et il a attendu le dernier moment. Il avait fixé une date limite et une heure : 18 heures, me dit-il, 17 heures, m'assure Jean-René Bernaudeau. Déjà, ses équipiers le remerciaient d'avoir attendu aussi longtemps.

Le matin du dernier jour, il a appelé les dirigeants de l'équipe Cofidis qui souhaitaient l'engager. Il leur a dit : « Mon choix s'est porté sur vous. Sauf miracle dans la journée, on signe à 18 heures. » Le contrat était prêt.

Jean-René Bernaudeau, de son côté, faisait feu de tout bois pour ne pas que ça s'arrête. Pour sauver la structure. Il était à Paris, pour une énième réunion avec les dirigeants d'Europcar. La situation, en bonne voie au matin, semblait bloquée à cette heure. Les dirigeants ont dit que le mieux serait de faire une autre réunion le lendemain, on déciderait à ce moment-là. Jean-René, n'en pouvant plus, s'est levé, il a dit : « Thomas partira aujourd'hui à 17 heures. Il l'a dit, il le fera. Vous pouvez faire toutes les réunions que vous voulez, c'est comme ça ! » Et il les a plantés. Il a pris sa voiture.

Sur le périphérique, il avait l'impression de voir des véhicules Europcar partout, me dit-il aujourd'hui, les yeux rougis par les larmes, presque dix ans plus tard. Du côté de porte d'Italie, son téléphone a sonné et quelqu'un lui a dit : « C'est bon Jean-René, on s'engage à vos côtés. » Il me regarde, se tait un long moment, souffle comme s'il y était encore, Jean-René c'est une boule d'émotion.

Il continue l'histoire : « Je leur ai dit, à bout de nerfs, c'est trop tard les gars. Vous appelez Thomas si vous voulez, vous lui dites, moi j'en peux plus… » Puis, l'air goguenard, il me précise : « J'ai quand même appelé Thomas en vitesse pour le prévenir de l'appel. C'était reparti ! »

À 15h30, Thomas a donc reçu un appel d'un des dirigeants d'Europcar pour lui annoncer que c'était bon, qu'ils acceptaient de sponsoriser l'équipe, à la condition de sa présence dans le groupe. Thomas a dit : « C'est noté. » Thomas a téléphoné juste après à Jean-René pour lui dire d'appeler Éric Boyer de chez Cofidis et repousser le rendez-vous qu'il avait avec lui dans la soirée pour signer son contrat.

Il lui a dit : « Dis à Éric que je suis fatigué et qu'il vienne à la maison demain à 10 heures. Avant ça, je veux un appel des trois plus hauts responsables de chez Europcar. Trois appels, avec des numéros différents, demain matin : un à 9h, un à 9h15, et le dernier à 9h30 pour qu'ils me confirment leur engagement. » « Avec Thomas c'est carré », s'amuse Jean-René, mais c'est vrai qu'à ce moment-là le contrat avec Europcar n'était qu'oral alors que la proposition de Cofidis était déjà imprimée. Les hauts responsables ont appelé, chacun pile à l'heure, chacun d'un numéro différent.

Éric Boyer s'est présenté à 10 heures chez les Voeckler avec le contrat dans la sacoche et un bouquet pour la femme de Thomas qui lui a annoncé qu'il était désolé mais qu'il ne signerait pas. Le miracle avait eu lieu.

Perrig a reçu un SMS de Jean-René puis un autre de Thomas. Ça continuait. Quelle joie il a eue. Quelle joie.

Ensuite, dit Perrig, ça a été la ruée aux Essarts pour signer les contrats des coureurs et transmettre le tout à l'UCI. Jean-René a dû envoyer un gars en avion à Aigle, en Suisse, pour que tout arrive en temps et en heure.

Les coureurs sont repartis au combat motivés comme jamais l'année suivante. « On était comme des cadets mais avec l'expérience des pros. Et on a tout cassé au Tour de France d'après », dit Perrig.

13.

ÉPAULE, LUZ-ARDIDEN, GALIBIER, GROSSES COUILLES ET 2645 MÈTRES.

Il y a une photo où Pierre prend Thomas Voeckler par l'épaule en passant l'arrivée. Le 14 juillet du Tour de France 2011. L'année où Europcar « a tout cassé ».

C'était la première grande étape de montagne. Les Pyrénées. De Cugnaux à Luz-Ardiden, avec le col du Tourmalet entre les deux. Ce jour-là, on ne donnait pas cher de Voeckler pour conserver son maillot jaune conquis le dimanche d'avant, mais c'était mal connaître Thomas.

C'était mal connaître Thomas et les hommes dans son ombre.

C'était mal connaître Anthony Charteau.

C'était mal connaître Cyril Gautier.

C'était mal connaître Yohann Gène.

C'était mal connaître Vincent Jérôme.

C'était mal connaître Perrig Quéméneur.

C'était mal connaître Pierre Rolland.

C'était mal connaître Sébastien Turgot.

« Et c'était mal connaître les autres gars de l'équipe, ceux qui ne faisaient pas le Tour, ajoute Thomas Voeckler. Si tu les oublies, c'est que tu n'as pas compris ce qu'est une équipe et donc pas compris ce qu'est un équipier. C'est pas juste le gars qui va t'apporter un bidon ou t'abriter du vent pendant cent cinquante bornes. Le mec n'est pas là aujourd'hui mais peut-être que sur une course un mois ou deux avant, il t'a permis de passer un cap, de prendre confiance quand t'en avais besoin, de te ramener alors que t'étais pendu, et de performer sur une course en avril et montrer aux autres que le leader est capable d'y arriver et donc que, tous ensemble, on peut améliorer les résultats de l'équipe. » Alors équipier, ce n'est pas seulement être là, c'est l'avoir été, et pouvoir l'être encore, le moment venu.

Pierre Rolland, dans la même veine, dit : « En 2011, Christophe Kern souffrait à cause d'une énorme tendinite qui ne le lâchait pas, il a dû abandonner à la cinquième étape, mais pour moi c'est comme si en montagne il était avec nous. Je sais pas comment l'expliquer. C'est presque mystique comme sensation. Comme ceux qui ont une jambe amputée qui continue de les chatouiller... »

Pierre, dans l'étape vers Luz-Ardiden, celle de la photo, avait fait tout son possible pour aider Thomas. Il était resté avec lui jusqu'au bout, franchissant la ligne un mètre derrière.

Thomas, à ce moment, a tendu sa main en arrière pour serrer celle de Pierre, mais ce n'était pas assez pour Pierre. Pierre a eu une bouffée d'amour, il a appuyé un peu plus fort sur les pédales, il est remonté à hauteur de Thomas en deux secondes, et il l'a étreint.

Je ne sais pas s'il existe beaucoup de photographies de victoire qui donnent autant de frissons à leur vue. Parce que cette photo dit tout du rôle de l'équipier en montagne, de l'abnégation, de sa propre ambition mise au service d'un autre, de la joie du travail accompli et aussi, je crois, elle dit que le rôle d'équipier n'est pas une servitude.

Elle dit, enfin, quelque chose de cette forme d'amour qu'on appelle la fraternité. Car je prétends qu'au moment où ils ont franchi la ligne, et déjà avant, sur le goudron qui fait le col du Tourmalet, Pierre et Thomas étaient frères. Ils ne pouvaient être rien d'autre que cela. Des frères.

Pierre m'a raconté plus en détail l'histoire de cette photographie, et comment, un peu avant, il s'était trouvé beau pour la première fois sur un vélo, comme s'il était spectateur de sa propre performance. Lui qui guidait le groupe des favoris avec son leader dans sa roue, il s'est dit que oui, il était peut-être un coureur.

Il menait un tempo terrible dans une étape de haute montagne avec des passages à plus de deux mille mètres... Il ne s'en serait jamais cru capable. Il répondait aux attaques de coureurs qu'il considérait comme trois fois plus forts que lui, il se sentait petit chat au milieu des lions, sauf que les lions, ce jour-là, c'est lui qui les domptait.

Sans Thomas, Pierre n'aurait jamais eu la carrière qu'il a eue, c'est lui qui le dit. Sans Thomas, il aurait arrêté le vélo ou aurait pris des petits contrats histoire de payer les factures et de remplir la gamelle, car il ne se plaisait pas dans le rôle qu'on lui avait donné : celui de grand espoir (encore un) avec tout ce que cela implique. Il n'était pas à l'aise avec les médias, quelques chutes avaient mis son moral en berne et il s'en voulait de cette timidité de jeune homme qui pouvait donner au public un sentiment de distance. Il faut croire à la déprime des héros. Après tout, Achille a fait la gueule pendant longtemps.

Alors Thomas en leader, c'était une bénédiction. Il le protégeait de ça, prenait tout pour lui, la pression, le public, la responsabilité de la course. Thomas était exceptionnel, dit Pierrot, « exceptionnel, il n'y a pas d'autre mot ».

Après cette journée dans les Pyrénées, après avoir mené Thomas, après l'avoir étreint, après avoir permis à l'équipe de garder le maillot jaune dans le bus et surtout après avoir gagné le respect de son leader dans cette main qu'il lui a tendue, Pierre a pris conscience de ce qu'il faisait réellement : des exploits.

Il a pensé que ça lui plaisait et qu'il devait continuer, pour Thomas d'abord qui avait sauvé l'équipe dix mois avant, et pour lui ensuite. Pierre s'est mis à rêver de franchir une étape en vainqueur, ce qu'il n'avait jamais imaginé jusque-là malgré tout ce qu'on pouvait dire sur lui, malgré le fait qu'on le présentait comme un « futur grand ».

Il ne lui a fallu attendre que huit jours pour réaliser son rêve. C'est peu de temps, quand on y pense.

La veille de ce jour glorieux, toute l'équipe, avec Anthony Charteau, avec Perrig Quéméneur, avec Yohann Gène, avec Sébastien Turgot, avec Vincent Jérôme, avec Cyril Gautier, était parvenue encore une fois à sauver le maillot. Pour quelques secondes.

Pierrot avait fait tout son possible pour aider son leader comme la semaine d'avant, dans les Pyrénées. Il l'a accompagné dans toute l'ascension du col du Galibier, courant après le désir de ne pas perdre le maillot. Pour que Jean-René, le manager de l'équipe, puisse dire avec des larmes dans les yeux encore une fois à ses gars qu'ils ont « des grosses couilles ».

À un moment, Thomas lui a dit que c'était bon, il pouvait se calmer, le maillot serait sauvé. Mais Pierre n'en a rien eu à faire, il a continué à rouler le plus vite possible. Ça a commencé à énerver Thomas qui a gueulé que c'était bon ! Pierre a pensé que si Thomas avait la force de gueuler, c'est qu'il en avait encore dans les cannes et il a accéléré. Thomas a gardé la roue. Il a conservé son maillot pour quinze secondes. À 2645 mètres d'altitude. Ces quinze secondes-là faisaient le bonheur de ses équipiers. Un bonheur qu'on n'imagine pas.

Et le lendemain, Pierre, l'équipier, a gagné.

14.

L'ALPE D'HUEZ, DON VÉRITABLE, GIEN, DENTELLES DE MONTMIRAIL, CONTADOR ET OUVRIER.

L'Alpe d'Huez est une montée qui a toujours fasciné Pierre. La régularité et la beauté des lacets, la foule immense et éphémère, les enfants et leurs parents marchant vers le sommet dans une magnifique transhumance, les Hollandais soûls, et cette station de ski tranquille qu'un barnum géant venait troubler une fois de temps en temps, en juillet.

Pierre m'a dit le nombre de fois où il avait monté l'Alpe d'Huez à l'entraînement (plus de vingt, dans les mois précédant le Tour 2011) et la façon dont ces sorties lui avaient permis de désacraliser l'ascension. Il savait exactement comment l'aborder, où se relancer, où gérer ses temps faibles, où maîtriser ses temps forts, il connaissait chacun des vingt et un virages, les noms qu'on leur avait donnés, ceux des anciens vainqueurs, pour se souvenir, toujours, de leurs victoires.

À partir du virage numéro six, celui qui tourne à droite juste après les Hollandais, Pierre connaissait par cœur chacun des développements qu'il allait utiliser, portion par portion, comme des paliers que les plongeurs en bouteilles ont enregistré dans leur montre-ordinateur pour éviter de se noyer, ou de faire exploser leur cerveau avec une bulle d'azote.

Pierre a fini de s'habiller dans le bus, il a accroché son dossard, le 188, en tendant bien son maillot. Pour cela, il a passé ses jambes dans les manches et a écarté le tissu. Il a posé son casque sur sa tête, il l'a fixé, il a quitté le bus, enfourché son vélo et signé la feuille d'émargement. Il a rejoint les autres. Il a cherché du regard Thomas, déjà à l'avant du peloton, avec son maillot jaune, qui attendait. Il a bu.

La course s'est élancée pour 109,5 kilomètres avec un passage au sommet du Galibier par l'autre versant, avant une longue descente et la vallée jusqu'au pied de l'Alpe d'Huez. Contador qui avait pris une volée la veille a attaqué, les commentateurs ont crié au sursaut d'orgueil. En fait, une coalition s'était montée contre Thomas avec les frères Schleck, mais personne n'en savait rien.

Evans, au moment de l'attaque de Contador et Schleck, s'est écarté. Thomas, qui voyait en Cadel Evans le futur vainqueur, a pensé qu'il avait une défaillance et il a attaqué lui aussi. Il a jailli comme le diable sort de la boîte et a repris Contador et Andy Schleck en quelques mètres. Mais la défaillance d'Evans n'était que mécanique. Et la course dont on croyait qu'elle avait explosé au kilomètre 16, dans le col du Télégraphe, n'avait pas fini de détoner.

Evans est finalement revenu lui aussi. Contador en a remis une autre, puis encore une autre, et ça a été au tour des frères Schleck de s'y mettre, et Thomas a fini par lâcher...

Il avait donné tout ce qu'il pouvait, sans rien demander à personne. Peut-être que s'il n'avait pas tenté de répondre à toutes les attaques, peut-être que s'il s'était contenté de suivre Evans, peut-être que si on lui avait donné ce conseil précieux, lui qui n'était concentré que sur son effort, alors peut-être qu'il aurait encore été en jaune au soir du 22 juillet 2011. Peut-être.

Seulement Thomas n'a pas pris cette décision et personne, ni parmi les directeurs sportifs, ni parmi les coureurs, ne l'a aidé à la prendre. Thomas dit que c'est normal, il était maillot jaune, c'est quelque chose un maillot jaune, personne n'aurait pu lui dire de ne pas faire comme lui le concevait à ce moment. Et alors, dans ces conditions, quinze secondes, le vendredi 22 juillet 2011, c'était trop peu.

Thomas a assumé son rôle, encore une fois : celui d'un leader, ce mot anglais qui veut dire littéralement « chef ». Il a dit à Pierre : « Vas-y. »

C'est à n'y rien comprendre. La structure définit un but : celui de gagner. Pour cela elle investit de l'argent, recrute du personnel, forme des coureurs, établit une stratégie.

Quand on a le maillot jaune dans son équipe, la moindre des choses c'est de tout faire pour le garder sur les épaules du leader, c'est son boulot et celui de ses équipiers qui sont là pour ça, pour l'abriter du vent, pour lui passer un bidon ou pour lui céder sa roue si besoin. Imagine-t-on d'ailleurs la puissance symbolique d'un coureur qui donne sa roue à un autre ? C'est la fin de tout. C'est le don véritable.

Et si c'est ça, Pierre aurait dû rester avec Thomas tout le long de l'étape comme il l'avait fait la veille. « Si on lui avait demandé, il serait resté », dit Thomas. On n'en doute pas. « Mais après tout ce qu'il avait fait pour moi les étapes précédentes, avec mes sensations à ce moment, avec les kilomètres qu'il restait à parcourir et avec la force que Pierre avait ce jour, je ne pouvais pas l'empêcher d'y aller. » Alors Thomas lui a redit comme pour être sûr que Pierre ait bien compris : « Vas-y Pierrot, joue ta carte. »

L'heure, pour Pierrot, était venue.

Avec Cadel Evans, Pierre est revenu sur le groupe de devant. Les coureurs y étaient nombreux, chacun tentant d'en faire le moins possible pour faire porter aux autres la responsabilité de la course avant d'entamer la montée de l'Alpe d'Huez.

Pierre a attaqué une première fois dans la vallée, il a vite été repris. Mais il était intenable, fou d'envie. Libre. Il a attaqué une seconde fois et a réussi à quitter le groupe des leaders. Ryder Hesjedal est revenu sur lui et ils ont collaboré parfaitement jusqu'au pied, qu'ils ont abordé avec une trentaine de secondes d'avance sur le peloton.

Contador a attaqué de l'arrière, il est revenu sur Pierre au bout de deux ou trois kilomètres. Pierre, le voyant passer, a voulu le suivre, mais Contador montait en pur grimpeur, en relançant sans cesse. Pierre a pensé qu'il allait exploser, il lui fallait monter à sa main. C'est ce qu'il a fait. Mais à cet instant, il estimait avoir course perdue. Battu par plus fort. Ce n'est pas déshonorant.

Contador a pris de l'avance. Pierre, isolé, avait la foule rien que pour lui, « non pas la foule, un stade ! » me corrige-t-il, alors qu'il relit ce que j'ai écrit. Il n'a pas relâché son effort. Il a monté le plus vite possible.

Un motard lui a signalé que derrière, c'est Sanchez qui revenait comme un dingue. Pierre a réfléchi quelques secondes. Il a pensé : « Je vais l'attendre. » Il s'est relevé, il a bu, il a mangé deux gels. Pendant une minute il a soufflé. Et cette minute, c'était comme si la course recommençait, comme si son cerveau était sur la ligne d'un nouveau départ.

Samuel Sanchez, champion olympique en titre, est revenu sur Pierre. L'Espagnol a vu juste devant lui un mec en vert, et qui emmenait gros.

Le mec en vert, c'était un équipier du maillot jaune, Thomas Voeckler, que personne ne pensait voir à pareille fête. On avait commencé à sérieusement se demander pourquoi on n'avait pas fait plus pour empêcher ce gars qui se déhanchait comme c'est pas permis sur sa bicyclette de prendre le maillot.

Sanchez connaissait-il seulement le prénom de Pierre à cet instant ? On ne sait pas.

Pourtant, s'il avait lu la presse française quelques années auparavant, il aurait su que Pierre, le mec en vert qui emmenait gros et qu'il rattrapait, était un des cent cinquante futurs vainqueurs français du Tour qu'on nous dégote depuis 1985.

On en était sûrs, cette fois on le tenait, le successeur de Bernard Hinault !

Il viendrait donc de Gien, une petite ville du centre de la France au cœur d'un triangle équilatéral formé par Orléans, Auxerre et Bourges. Une ville de cette Loire et de ses mille châteaux qui font la beauté de nos paysages comme le font les Pyrénées à la toute fin de l'hiver, les grandes plages du Nord sous la bruine, les forêts des Landes quand elles sont inondées de soleil, la montagne Sainte-Victoire au matin, ou encore les dentelles de Montmirail tout le temps.

Quand Samuel Sanchez est revenu sur Pierre, Pierre lui a offert le visage que l'Espagnol voulait voir : il avouait à Sanchez sans mot dire que c'était lui le plus fort, que Pierre s'était vu trop grand. L'Espagnol a doublé Pierre en silence, il ne lui a pas demandé de prendre de relais pendant longtemps. Jamais il n'a pu penser que Pierre l'avait attendu, qu'il avait reconstitué un peu de sa puissance. Toute la stratégie de Pierre reposait sur l'image qu'il avait donnée de lui à Sanchez. Celle, travestie, du battu.

Pierre, dans la roue de Sanchez, se répétait sans cesse : « Emmène-moi jusqu'au virage numéro six, emmène-moi jusqu'au virage numéro six… » Sanchez roulait à toute allure. Pierre, souvent, faillit décrocher. L'effort était si difficile. Il ne lui aurait fallu que quelques instants pour que tout aille mieux : un tour de pédale moins appuyé, une dent supplémentaire, le buste un peu plus haut et, dans la seconde, ses triceps se seraient décontractés, ses quadriceps auraient sécrété moins d'acide lactique, son cœur aurait ralenti. Il aurait fini de souffrir. Cette tentation, c'était celle, vertigineuse, du plongeon dans le vide.

Il a pensé à Thomas, à tout ce qu'ils avaient accompli ensemble, à sa façon de ne jamais renoncer. Pierre resterait dans la roue de Sanchez. Quoi qu'il arrive.

Ils ont fendu la foule des spectateurs tout d'orange vêtus, Pierre n'a pas vu les bières dans les mains ni les merguez sur les barbecues. Il n'a pas eu le temps de lire les banderoles. Les fumigènes l'ont fait tousser et quand les gens se sont écartés à son passage, il l'a vu, pas loin, celui qu'il espérait tant : le virage numéro six.

Pierre a pensé : « On y est. Maintenant je suis imbattable, je ne craquerai plus. »

L'Espagnol lui a demandé de prendre le relais. « Vas-y gamin, roule donc, on va revenir sur Contador, fais-moi confiance. » Mais le gamin a refusé, il lui a dit au champion olympique que s'il voulait gagner l'étape, il fallait qu'il fasse le boulot lui-même, fallait pas le prendre pour un con, le gamin. Sanchez n'a pas eu le choix. Car Pierre ne le lui a pas laissé.

On se serait cru sur une piste. À 3,1 kilomètres du sommet, Sanchez s'est dit que c'était bon comme ça, c'était lui qu'on prenait pour un con, et il s'est presque arrêté pour obliger Pierre à passer. Il a commencé à faire des petits virages, louvoyant sur la route entre des quilles imaginaires comme on apprend à l'école de cyclisme, en espérant que Pierre lance un sprint, pour le contrer ensuite et filer seul pour rattraper Contador. Pierre a attendu, Sanchez a dû se résoudre à attaquer mais Pierre a suivi sans répondre aux insultes du Basque qui devait le traiter dans sa langue de petit con et de suceur de roue.

Contador, cent mètres devant, comme un cerf devant la meute, n'en pouvait plus.

Pierre et Sanchez sont revenus sur Contador à 2,5 kilomètres de l'arrivée. Et Pierre a fait comme il le faisait en cadet : à ce moment précis, il a attaqué. Pour casser les jambes des autres et briser leur moral.

C'était dans l'intérieur du virage, alors que les Espagnols se parlaient. Il a attaqué de toutes ses forces, sur le grand plateau, pas pour le rendement mais pour se donner confiance, pour se prouver sa valeur, en danseuse, les mains sur les cocottes. Il a jeté un œil par-dessus son épaule gauche et il a vu que Contador était là, dans sa roue. Sanchez était décroché de cinq mètres. Pierre n'a pas ralenti, il a poursuivi son effort, accélérant encore.

À 2,1 kilomètres, il a attaqué de nouveau. Il a pensé : « La différence entre le premier et le deuxième, c'est souvent que le premier a accepté de souffrir quelques secondes de plus que le deuxième. Quelques secondes seulement. Il faut que je tienne encore quelques secondes... » Au même moment, dans le petit peloton des leaders du classement général, Cadel Evans attaquait lui aussi.

Pierre était parti. Il a tenu le plus longtemps possible avant de se rasseoir sur sa selle pour impressionner ses poursuivants, pour leur infliger ce qu'il appelle « un K.O. moral ».

Pierre n'avait plus aucune ressource physique, ces derniers kilomètres c'est son esprit qui a pédalé, sa hargne, son ardeur. Mais pas sa colère. On ne gagne pas dans la colère.

Il s'est retourné, quelques mètres après la banderole des 2 kilomètres, et il a compris : personne ne le verrait plus.

Pierre est entré dans le village de l'Alpe d'Huez. Les drapeaux, comme des fanaux colorés lui indiquant le chemin de la victoire, battaient au vent. Les chalets de bois n'en avaient que pour lui. Partout, c'était la foule en liesse et le délice des vivats. La longue ligne des barrières de métal se gondolait sous l'enthousiasme des spectateurs.

La voiture du directeur de course a doublé Contador et Sanchez au moment où ils passaient sous l'arche de la flamme rouge pour s'en aller rejoindre Pierre et participer à la fête.

Les commentateurs à la télévision ont commencé à dresser une biographie sommaire qu'ils ont trouvée sur le site internet de Pierre.

Pierre a pris le dernier virage sur la gauche à toute vitesse, il s'est mis en danseuse pour relancer l'allure une fois de plus. Et elle s'est offerte à ses yeux. La ligne. Cent cinquante mètres plus loin. Un ouvrier l'avait peinte au matin, sur le goudron, juste pour Pierre.

Elle l'attendait

Il a levé les bras au ciel

Sur sa bicyclette, dressé ainsi, il était grand

Il a embrassé son maillot vert

Le même que celui d'Anthony Charteau, le même que celui de Cyril Gautier, le même que celui de Yohann Gène, le même que celui de Vincent Jérôme, le même que celui de Sébastien Turgot, le même que celui de Christophe Kern.

Le même que celui de Perrig Quéméneur.

Le même que celui de Thomas Voeckler.

15.

ROUTINES ENFANTINES, BENJAMIN, RÉACTION EN CHAÎNE, LE MÉVEL ET PÉPITE.

Je ne connais pas vraiment l'enfance de Pierre et, je ne sais pas pourquoi, je ne lui ai jamais demandé de m'en dire plus, alors que Jimmy Turgis par exemple m'a parlé longuement de la sienne. Peut-être est-ce parce qu'il n'avait pas encore pris de licence de cyclisme, tandis que Jimmy avait signé la sienne avant même d'en avoir l'âge légal, comme ces soldats qui mentent sur leur année de naissance pour qu'on leur permette de partir au front ?

Je sais que Pierre a trois grandes sœurs : Anne-Sophie, Stéphanie et Françoise, un père : Jean-Pierre. Et sa mère qu'il a serrée fort dans ses bras alors qu'il avait encore le vélo entre les jambes, derrière l'arrivée de l'Alpe d'Huez, là où on gare les voitures de l'organisation, au Tour de France 2018 qu'il n'a pas aimé. Je les ai vus de loin.

J'imagine Pierrot gamin, les routines enfantines que sont l'école, la télé, les copains et les activités du mercredi après-midi ou du samedi matin. J'imagine aussi qu'il gagnait tous les cross de l'école primaire comme l'ensemble des coureurs à qui je parle pour ce livre.

Comme eux, il a dû enfiler une vieille paire de tennis et un short, il a sûrement gardé son tee-shirt du jour. Il s'est mis à courir le plus vite possible, sans trop se poser de questions, sur les deux kilomètres du circuit tracé par les maîtresses et les maîtres dans quelque sous-bois. Et il a mis une énorme taule à tous ses copains, même aux joueurs de foot pourtant bien mieux habitués que lui à ce type d'effort. Mais peut-être que je me trompe.

J'en sais plus à partir de ses treize ans, puisque c'est là où il commence le vélo. C'est Benjamin qui lui cale la chaussure à la pédale automatique. Benjamin fait du VTT et de la route, le lundi il raconte les courses de la veille à Pierrot qui se dit qu'il pourrait faire de même, et puis ça lui permettrait de voir Benjamin encore plus souvent, de rigoler avec lui ailleurs qu'en classe ou pendant les récréations.

Il va voir un entraînement un mercredi, un peu intimidé d'abord, sans trop savoir. Pierrot n'a jamais fait de sport en dehors de l'école, le vélo il en ignore à peu près tout. Mais bon, ça lui plaît bien. Il finit par signer une licence et enfiler un maillot et puis, pas longtemps après, il y épingle un dossard.

Ensuite, c'est comme on le pense : il est fort, pas éblouissant non plus, mais fort. Il commence à gagner mais il n'écrase pas tout au début, ça viendra en même temps qu'il comprend le vélo, l'intérêt de s'abriter, de ne pas en faire qu'à sa tête, d'écouter les copains et les entraîneurs, de mettre le bon braquet au bon moment, de placer les mains au creux du guidon quand il faut.

J'appelle Pierrot :

– C'est quoi ton plus grand souvenir de cycliste, c'est ta victoire à l'Alpe d'Huez ?

— Non.

— Ah bon ? C'est quoi, La Toussuire, ou le Giro alors ?

— Non, c'est quand on a fait un et deux avec Benjamin au championnat cadet Centre-Loire. C'est ça mon plus grand souvenir.

On se demande à quoi sert de se faire aussi mal pendant vingt ans si le meilleur souvenir d'un coureur de son acabit c'est une victoire adolescente… Il faut dire que ce jour-là, Pierre et Benjamin, dont on commençait tout de même à connaître la réputation dans la région, devaient affronter la concurrence d'équipes plus solides, mieux organisées, faites de coureurs qui, justement, entendaient parler à table, depuis qu'ils étaient en âge de comprendre, des exploits de leurs prédécesseurs, pères, grand-pères, oncles. Des jeunes dont les armoires vitrées familiales (les mêmes que chez Perrig ?) étaient pleines des trophées du passé. Pas le choix que de faire aussi bien que la génération d'avant, pas le choix que de continuer à gagner au risque de finir comme ces familles de la vieille noblesse désargentée obligées de vendre le château ou pire, d'y organiser des sons et lumières.

Pour ça, Pierre était tranquille, l'histoire cycliste de sa famille c'était une page blanche, qu'il pourrait écrire s'il le souhaitait, s'il en était capable.

Il y a des rencontres qui changent une vie, c'est-à-dire qu'elles la modifient d'une façon si importante qu'elles engendrent une réaction en chaîne du même ordre qu'une naissance. C'est un bouleversement. Un monde nouveau. Benjamin, du jour où il a raconté ses courses de vélo à Pierrot, l'a mis au monde. Mais on n'est pas forcément plus avancé, parce que les bébés il faut bien les élever, faire les biberons la nuit et leur donner la force de faire face non pas au futur, ça on verra plus tard, mais au présent.

L'élévation, Pierrot l'a trouvée avec un autre homme : Pascal Agogué.

Pascal Agogué, c'est un chercheur d'or, un gars prêt à retourner des tonnes de boue pour trouver la pépite. C'est sûr que la rencontre avec Pierrot lui a fait tout drôle. Parce qu'il a vu le futur de Pierre et qu'il ne s'est pas privé de lui dire. Lui dire comme il allait avoir mal, lui dire comme il serait trop vite adulte, lui dire comme il allait faire vibrer les foules, lui dire comme il accomplirait des exploits.

On n'a pas idée de vendre des trucs comme ça à des jeunes. Manquerait plus qu'on leur dise qu'ils sont des gens bien. Et c'est ce qui est arrivé. Il lui a dit tout ça et Pierrot, naïf comme tout, y a cru. La gloire et les honneurs, la peine et la douleur, des souvenirs pour une vie entière.

Quitte à y croire, pourquoi s'embarrasser du superflu ? Tant pis pour l'école et le reste. Pascal a parlé, Pierrot va le faire. Et alors là, ça s'enchaîne : douze victoires en junior 1 et la balade toute l'année de junior 2, jusqu'à la sélection pour les championnats du monde 2004, à Vérone, remportés par Roman Kreuziger. L'histoire est lancée.

Pierrot quitte le centre de la France, bisous à la famille, il s'en va vers l'ouest, près de Rennes où Stéphane Heulot, l'ancien champion de France, a monté une structure de détection, le Super Sport 35. Problème : il faut manger, gagner un peu de sous pour remplir la gamelle, les boyaux on les lui paye, c'est déjà pas mal. Alors le petit boulot au MacDo c'est la solution, et l'entraînement entre deux Big Mac.

Pierrot est tout en bleu, on dirait un gendarme mobile dans sa panoplie bretonne. Son corps n'est pas encore celui d'un homme. Son fessier manque de puissance, ses lignes sont mal dessinées, il est presque joufflu, son casque semble trop grand pour lui mais sous cette chair, les muscles presque en secret se développent et s'étirent, les tissus se mettent en place, les ligaments et le cœur deviennent peu à peu ce qu'ils doivent être, c'est son corps tout entier qui va se transformer par sa seule volonté, celle de ne pas faire mentir Pascal. Bientôt, Pierre n'est plus un coursier. Il est déjà un coureur.

Un coureur, en Bretagne, il y en a un autre, il porte un maillot bleu lui aussi, quoique plus pâle, avec écrit dessus « Côtes-d'Armor ». Les Côtes-d'Armor, ça tombe bien, c'est de là qu'il vient. C'est Cyril Gautier qui se dandine sur sa bicyclette et ne lâche rien, teigneux comme pas un.

Il y a Benjamin là, maintenant, à la noce, debout avec Cyril Gautier, ils viennent de prononcer leur discours. C'est un discours de témoin, alors ils taquinent Pierre comme il se doit, mais finissent par avouer devant tout le monde que c'est un mec en or. On veut bien les croire.

Chez Super Sport 35, Pierre prend vite du galon. Avec Stéphane Heulot, il fait une autre rencontre décisive : celle de Lilian Lebreton, ancien professionnel qui travaille désormais avec Heulot. Lilian sait trouver les mots, toujours justes, comme la façon qu'il a de regarder Pierre dans les moments les plus difficiles.

Pierrot dit qu'il a aussi eu de la chance, qu'il était là, en forme, aux courses qu'il fallait. À vingt ans, en août, il est stagiaire chez Crédit agricole, l'équipe de Roger Legeay, qui le prend à l'essai, pour voir. La course importante a lieu un mois plus tard en Autriche, à Salzbourg. Ce sont les championnats du monde espoirs (pas encore ouverts aux professionnels à l'époque). Romain Feillu, deux ans de plus que Pierrot, est désigné leader. Pierrot sera équipier, il devra construire le succès de Romain. La victoire échappe à la France à cause d'un dénommé Gerald Ciolek. Feillu est deuxième mais la course de Pierrot a été brillante. Il a travaillé comme jamais il ne l'a fait pour un autre. Roger Legeay pense que c'est bon, on a vu. Et Pierre signe son premier contrat pro. Il a encore vingt ans.

Stéphane Heulot et Lilian Lebreton se permettent un dernier conseil : ne pas louper le début de saison, être présent pour ne pas rejoindre la longue file des néo-pros oubliés, et puis aussi montrer du respect aux anciens, leur poser les questions qu'il faut, leur montrer l'envie qui est la sienne. Stéphane ajoute que dès que Pierrot sera installé, il faudra qu'il se constitue son staff personnel car le sport cycliste reste une pratique individuelle, quoi qu'on en dise, et il faut être bien entouré, non pas pour éviter de se perdre, mais simplement pour savoir vers où aller. Pierrot sourit, il dit qu'il le fera.

Le 17 janvier 2007, Pierrot est sur la ligne de départ de sa première course en tant que coureur professionnel. Il a donné sa démission au MacDo et est allé faire ses vaccins car il court en Afrique, la Tropicale Amissa Bongo. Tout l'hiver, il l'a passé à l'entraînement sans se soucier du temps qu'il fait, de la pluie qui tombe, du vent qui s'agite, du froid qui transperce les vêtements techniques les plus performants. Pierrot veut être comme on lui a dit : là. Il ne veut pas faire le voyage vers le monde professionnel pour rien.

C'est Omar Bongo, le président du Gabon, qui a fait organiser cette compétition en l'honneur de sa fille. C'est une course de reprise, mais on s'y tire la bourre histoire de voir où on en est après les trois mois d'hiver. Ça donne aussi des informations sur la hiérarchie au sein de l'équipe pour les quelques mois à venir, en attendant Paris-Nice et les classiques du printemps.

Dans l'avion qui les emmène, il y a Christophe Kern, Sébastien Hinault, Rémi Pauriol, Jimmy Engoulvent. Pierrot c'est le gamin du groupe, il cherche ses affaires à l'aéroport, ne fait pas trop de bruit, écoute discrètement les conversations des grands, met ses chaussures en silence et n'ose pas dire la joie qui est la sienne et l'angoisse au moment où il accroche son dossard sur son maillot blanc et vert. C'est parti pour cent quarante kilomètres.

Nous voici cent quarante kilomètres plus tard et c'est Pierre qui gagne. Oui, il gagne ! Sa première course chez les professionnels, il bat au sprint Frédéric Guesdon, heureux détenteur d'un pavé qui trône au-dessus de la cheminée, puisque dix ans avant il a remporté Paris-Roubaix, réglant lui au sprint Jo Planckaert, Johan Museeuw ou encore Andreï Tchmil en les attaquant de l'arrière juste avant le dernier virage et en leur collant trois vélos dans la vue.

Pierre est maintenant sur le podium avec des fleurs à la main et un maillot de leader du classement général sur le dos, les fleurs seront fanées avant qu'il ne puisse les offrir à sa mère mais ce n'est pas grave.

À la fin de la semaine, c'est Frédéric Guesdon qui emporte le général, Pierrot est deuxième, privé de la victoire finale par l'expérience de Guesdon et un sprint bonification pour faire sauter la seconde de retard, coquin de Guesdon. Pierrot rentre en Europe avec ses trente premiers points UCI dans la musette et son sourire de gamin.

À la suite de l'aventure gabonaise, l'attente est forte. Oui, il a gagné, peut-être était-ce de la chance, la même qui fait mordre à l'hameçon du pêcheur débutant la plus jolie truite du ruisseau ? Mais Pierre n'a aucune envie de rester bredouille, et même s'il ne gagne pas à chaque fois qu'il court, il va montrer qu'il mérite sa place. Le travail de l'hiver paie et dès la course suivante, celle qui ouvre traditionnellement la saison française, il est encore là, septième du Grand Prix la Marseillaise, puis quinzième du général à Bessèges, huitième du Tro Bro Leon en Bretagne.

Le reste du temps, il fait comme Stéphane Heulot et Lilian Lebreton lui ont dit, il montre du respect pour le travail des anciens. Il leur pose des questions, les interroge sur la tactique, le placement, essaie de se rendre utile. Parce que Pierrot le dit encore aujourd'hui : il ne connaissait rien.

Pour l'initier, il y a eu des coureurs importants par leur bienveillance, par leur façon de ne pas prendre le petit nouveau de haut. Pierre cite volontiers Patrice Halgand qui est à l'époque dans le dernier col de sa carrière, et Christophe Le Mével qui le prend sous son aile en même temps qu'ils font chambre commune. Il se souvient, Christophe, avoir dit à Denis Roux, l'un des directeurs sportifs de l'époque, que ce petit stagiaire était talentueux et qu'il ne fallait pas le laisser passer. Christophe sait bien les difficultés quand on débute. Il se souvient, lui, de sa première course stagiaire, et la seule, qu'il avait effectuée avec la grosse équipe de Crédit agricole : Stuart O'Grady, Magnus Bäckstedt, Bobby Julich. C'était Paris-Bruxelles. Christophe Le Mével rigole en repensant à la course. Il connaissait tous ces grands coureurs surtout de nom, il n'était pas un acharné des retransmissions télé, et il avait appelé Magnus Bäckstedt « Stuart » toute la journée...

« Le Mével » veut dire « domestique » en breton, ou « le valet ». Les Italiens appellent les équipiers *gregari*, les Anglais *domestiques*. Je n'aime pas ces mots. Je ne les trouve pas jolis parce qu'il y a en eux la condescendance du vainqueur vis-à-vis du battu, mais ne pas gagner dans le cyclisme professionnel, ce n'est pas nécessairement perdre. Il y a une forme de grandeur non pas à se soumettre, mais à se donner.

Peut-être aussi que le mot « domestique », lorsqu'il est associé aux cyclistes, ne traduit pas seulement l'envie de faire d'un autre un serviteur, mais aussi le désir de l'apprivoiser ? Si c'est le cas, c'est encore plus grave puisqu'on modifie la nature de l'autre. On voudrait faire de ces coureurs des êtres inoffensifs, on voudrait transformer les loups en chiens.

D'ailleurs, je voulais démarrer le livre avec une première page un peu « sur-écrite » comme ça se fait souvent, une longue métaphore dans laquelle un équipier se confondait avec un vieux loup. Je voulais lui trouver un nom aussi marquant que Buck, le chien dans *L'Appel de la forêt* de Jack London, mais je n'ai pas trouvé. J'avais même le premier paragraphe :

« Il s'est couché sur le côté, les autres ont continué leur chemin. Déjà, leurs traces commençaient à être recouvertes par la neige qui tombait fort. Bientôt ce serait lui. Il n'avait jamais aimé l'hiver, cette façon que la nature avait de rendre les choses plus compliquées. Les rennes qui s'en allaient toujours plus au nord et que le vent empêchait de bien voir et même de sentir, les renards, tapis dans leurs tanières, impossibles à déloger. Lui, ce qu'il aimait, c'était le retour du printemps. Mais il ne le verrait plus. C'était comme ça. Le gros, le chef de meute, continuait de mener les siens, sans lui maintenant, comme s'il n'avait jamais existé. Pourtant il en avait rapporté de la viande, effrayé des proies et mordu des cous. Aurait-il pu devenir le chef, lui ? Il aurait fallu pour cela battre le gros, le défier. Mais il n'avait jamais osé. La faute à un manque de muscle ou à un manque de courage ? On ne sait pas. »

Mais ce paragraphe n'existera donc jamais, du moins pas au début du livre, car après des recherches sur les loups je me suis aperçu que la représentation du chef tout-puissant, le « mâle alpha » et l'organisation hiérarchique des meutes étaient à l'image de l'idée de domestication de la noblesse par le roi, pour reprendre les mots d'Olivier Chaline dans son livre *Le règne de Louis XIV* : un mythe risible. Ça m'arrangeait bien, finalement. Car j'ai appris au cours de ces mois passés à leurs côtés qu'il en est de même pour les coureurs. Et que le cyclisme n'est pas une tyrannie.

Christophe Le Mével a fait toute sa carrière chez Crédit agricole en tant qu'équipier et ça lui plaisait. Il avait moins de pression à supporter et pouvait parfois jouer sa carte. Quand il est arrivé chez FDJ en 2009, il a continué dans ce rôle et est parvenu à terminer neuvième du général du Tour de France, sans l'aide de personne. On lui a naturellement donné le statut de leader l'année suivante mais ça a été un échec. Il pense que c'était arrivé trop tard pour lui. Il est parti ensuite chez les Américains de Garmin pour ne plus avoir à assumer ce rôle. Je ne peux pas m'empêcher de penser que ce départ aux États-Unis a joué dans le choix de Pierre de prendre l'avion pour aller courir avec la Cannondale de Vaughters, plus tard.

Mais à l'aube de sa carrière, pour Pierre, se pose la question de son rôle au sein de l'équipe, et plus profondément celle de son avenir, c'est en tout point similaire avec le début de carrière de Perrig : il lui faut inventer sa place.

À cet instant, personne, et surtout pas lui, ne peut dire s'il est de la trempe des leaders, s'il gagnera une étape du Tour de France, et même s'il goûtera encore à la joie du podium. Il fait son travail consciencieusement, montre du sérieux à l'entraînement et de l'enthousiasme en course.

Voici l'été, Pierre est trop vert pour le Tour de France mais il en profite pour monter en puissance sur de plus petites courses, pour tracer son chemin qu'il rêve sauvage mais grand. Ça commence en juillet. Robbie McEwen gagne au sprint à Canterbury sur le Tour tandis que Pierre est deuxième du tour du Doubs derrière Vincent Jérôme. Il se sent bien l'été, il aime la chaleur. Lui qui vient de la région la plus plane de France se rend compte qu'il passe de mieux en mieux les bosses. Il n'a pas le sentiment de forcer plus que cela mais il doit bien constater que les autres souffrent davantage que lui à mesure que la pente se renforce. Il faudra qu'il aille en montagne, qu'il éprouve sa force dans les cols, qu'il réitère plusieurs fois pour en avoir le cœur net. Il finit la première année qui était celle de la découverte, celle où on pardonne les erreurs, les difficultés. Mais l'indulgence n'est pas le mot préféré du milieu cycliste, parce que les coureurs sont payés, parce qu'il y en a des centaines qui attendent pour prendre la place.

Pierre y tient à sa place, il continue son apprentissage chez Crédit agricole, on reconnaît de plus en plus son travail.

Il ne gagne plus, pourtant la presse parle de lui comme de la révélation de l'année 2008 que Pierre commence la tête en bas, du côté d'Adélaïde en Australie, toujours en chambre avec Christophe Le Mével, et poursuit la tête haute sur Paris-Nice, avec trois top dix consécutifs (dont une troisième place) puis à Liège-Bastogne-Liège où il impressionne, et enfin c'est le Dauphiné avec une place de deux entre Vienne et Annemasse et la semaine toute entière qu'il termine meilleur grimpeur. Voilà il grimpe, c'est sûr. Tout va pour le mieux. Sauf qu'il reçoit un coup de fil de Roger Legeay qui confirme la rumeur qui bruisse depuis quelque temps : le Crédit agricole se retire de l'équipe, et on ne trouve pas de repreneur. Pierrot est laissé libre, ce qui veut dire, plus simplement, qu'à la fin de la saison il sera au chômage.

Mais les équipes se pressent pour recruter « la révélation ». C'est Jean-René Bernaudeau qui le convainc de signer. Il rejoint chez Bouygues Telecom Thomas Voeckler, Pierrick Fedrigo, Perrig Quéméneur et celui qui va beaucoup partager sa chambre et ses fous-rires : Cyril Gautier. Entre temps, Pierre participe aux Jeux olympiques, ça marque une vie quand même de faire partie de l'équipe de son propre pays. Il court avec Jerôme Pineau, son patron aujourd'hui. Et l'année d'après, il est au départ du Tour de France, et trois semaines plus tard vingtième du général, quatrième meilleur jeune, encore deux ans et ce sera lui le meilleur jeune. Pascal Agogué avait raison. Il l'avait trouvée, sa pépite.

16.

LEURS CULS ET LEURS BONNES MANIÈRES, CLÉMENT, GÉRARD DEPARDIEU, RÉMUNÉRATION ET LAPIERRE.

Je ne voudrais surtout pas passer pour le régionaliste de service mais je suis bien forcé de constater qu'à l'image des cyclistes, les Bretons sont partout. C'est dire si je me sens bien sur l'ensemble de la planète. Pas un endroit où la Bretagne, ou bien le cyclisme, ne m'ont permis de tisser des liens.

Il n'y a qu'une fois, en Corse, où j'ai bien failli faire mentir l'adage. J'étais dans un refuge de montagne puisque j'avais pris la décision loufoque de traverser l'île de Beauté du nord au sud, à pied, sur le caillouteux GR20, pendant près de cent quatre-vingts kilomètres. Il faut dire que je déteste marcher. Voyant au-dessus du comptoir du sympathique gérant (mais je pense qu'il voulait cacher ce trait de caractère, sûrement par pudeur) le drapeau breton, noir et blanc à hermines, qui côtoyait le drapeau corse à tête de Maure, je me suis écrié, content comme tout, sur le ton de la connivence : « Il est beau votre drapeau, d'ailleurs vous savez je viens de Bretagne ! » Le gars s'est retourné, il a regardé mon drapeau puis le sien et il m'a répondu avec son accent si pittoresque, ses cent dix kilos et sa collection de fusils accrochés au mur : « Moi les Bretons, c'est comme les Parisiens, je ne les aime pas ! » J'ai dit que je comprenais, et que dans le fond, il n'avait pas tort d'avoir cette position. Je pensais que notre relation, tout de même brève, s'achevait ici, mais c'était juste avant que le gars ne me dise qu'il pratiquait le cyclisme, depuis l'enfance bien entendu, que c'était un vrai sport, le cyclisme, et que les coureurs du Tour de France c'étaient quand même autre chose que ces « tarlouzes » de footballeurs. J'ai répondu oui, tu penses bien.

Je dis ça car il se trouve qu'on ne comptait plus les drapeaux bretons qui montaient vers le sommet de l'Alpe d'Huez, sept ans après la victoire de Pierrot. Il y avait aussi des drapeaux français, des drapeaux hollandais, italiens, américains et même japonais. Mais aussi des drapeaux gallois pour encourager leur champion qui faisait le coup d'Iznogoud à Froome : Geraint Thomas.

Je suivais quelques étapes du Tour de France dans le but de préparer ce livre et, dans ma voiture, alors que je roulais vers l'arrivée, j'avais l'impression d'être dans la roue de Pierrot. À chaque virage je me demandais où était le jeune homme de vingt-quatre ans, tout en vert, sept ans avant. Était-ce dans celui-là qu'il avait été repris la première fois par Contador ? Était-ce dans celui-ci qu'il avait dit non à Sanchez ? Était-ce dans cette ligne droite qu'il avait remis le grand plateau ? Je n'en savais rien, la foule m'empêchait de bien me repérer. Il n'y a que le virage six que j'ai reconnu tout de suite, après que les Hollandais du virage sept m'eurent balancé de la pisse sur la voiture et montré leurs culs et leurs bonnes manières, comme dit Jacques Brel dans la chanson.

Tout au long de la montée, et ensuite dans la salle de presse, j'ai imaginé Pierre gagnant de nouveau ici. Ça aurait été formidable, mais ça n'a pas eu lieu.

Je l'avais vu trois jours avant, pendant l'étape de repos. Il était dans l'hôtel de son équipe à Barberaz, tout près de Chambéry. J'y avais retrouvé Marion et leurs deux petites filles dans le patio. Marion m'avait confié que Pierre n'avait pas le moral. Ça se passait de moins en moins bien chez EF Education First-Drapac. Pierre commençait à sérieusement se demander ce qu'il faisait là.

La goutte d'eau, c'est lorsqu'on lui avait demandé de se relever du groupe des leaders, après tant d'efforts pour s'y maintenir, et venir rouler pour Uran en difficulté suite à sa chute et ses soucis mécaniques dans l'étape des pavés entre Arras et Roubaix. Si encore Pierre avait pu lui être d'un réel secours ; mais sur ce genre d'étape, il ne l'était pas.

Pierre nous a rejoints pas longtemps après, il avait la tête des mauvais jours. Ses bras semblaient trop grands pour lui, comme ceux des adolescents qui ne savent pas quoi en faire. Ses veines, épaisses et longues, ressemblaient aux miennes quand on les garrotte pour une prise de sang. Elles nous rappellent que nous sommes faits de cela. De sang. Et de chair aussi.

Pierre s'est assis, il a regardé ses filles, il a caressé les cheveux de Marion. Je lui ai fait remarquer sa maigreur, j'ai dit, pour ne pas le vexer : « Dis donc, t'es drôlement affûté. » Il était vraiment maigre. Il n'a rien dit. Je l'avais déjà vu comme ça, mais pas si tôt dans la course.

En 2015, à l'arrivée du Tour sur les Champs-Élysées, j'étais allé le féliciter au bus de l'équipe garé place de la Concorde.

Il m'avait invité à boire une bière avec les coureurs et leur famille. Je l'avais accompagné ensuite avec Marion à l'hôtel, où il devait se changer avant la soirée donnée par l'équipe.

Quand il a retiré son maillot et son justaucorps, ses côtes sont apparues, son plexus sortait de sa poitrine, le haut de son ventre rentrait comme en lui-même, ses clavicules ressemblaient à ces tiges d'acier qui tiennent les barnums pour les baptêmes, au printemps, et les veines étoilaient tout son torse. Je n'ai pas pu m'empêcher de penser à ces images des prisonniers dans les camps de concentration. Pierre a vu que je le regardais avec une fascination un peu malsaine et il m'a dit : « Oui je sais... mais c'est ça le vélo. »

Pierre m'avait souvent confié que ce qu'il trouvait le plus dur, et de loin, c'était l'austérité de son régime alimentaire, qu'il qualifiait de « chemin de croix » pour arriver à un poids lui permettant d'être performant, et tous les sacrifices, ceux de la faim jamais comblée bien sûr, mais surtout l'absence de vie sociale pendant de longs mois de l'année engendrée par cette rigueur que lui imposait son métier. Pour ne pas être tenté, pour ne pas faire d'écart, et être moins bon ensuite.

Dans le patio, j'ai pensé que le corps de Pierrot sous son polo aux couleurs de son équipe américaine ressemblait déjà à cela alors que les coureurs n'avaient pas encore entamé la montagne. Qu'en serait-il deux semaines plus tard ? Que resterait-il des bras de Pierrot, de ses mollets, de son torse, de son cou ? Et pour la première fois j'ai eu peur qu'il se passe quelque chose de grave dans le cyclisme, que quelqu'un meure car son corps serait trop léger.

Jade, la fille de Marion et Pierre qui a trois mois de plus que mon fils, jouait sur un cheval en bois, elle est folle des canassons. Lya, la petite dernière, a tiré la table devant elle avec ses doigts de bébé de onze mois, et c'est la poussette qui a avancé et les quatre dents de la cocotte qui ont cogné le rebord. Je n'ai pas pu m'empêcher de rigoler.

Je suis revenu sur la journée de la veille et j'ai dit que je ne comprenais pas pourquoi on l'avait fait décrocher, lui, le grimpeur, alors qu'Uran était déjà avec Taylor Phinney et Tom Scully, deux gros rouleurs. Pierre a dit qu'il savait bien, que même si Rigoberto avait terminé deuxième l'année d'avant, c'était vraiment difficile d'accepter de se relever à ce moment-là. En montagne il aurait fait tout ce qu'il fallait pour le leader, il le jure, mais là ça ne servait à rien, ça le condamnait alors qu'il serait arrivé en deuxième semaine avec à peine 1'30 de retard au classement général, sa meilleure performance depuis qu'il participait au Tour. Il avait un peu le sentiment d'être déconsidéré, de ne plus être à sa place. J'ai dit :

— Quand c'est comme ça, t'as qu'à annoncer aux directeurs sportifs que non, tu n'obéiras pas. Au pire, qu'est-ce que tu risques de toute façon ?

— Ce que je risque ? C'est qu'on me dise le soir de faire mon sac et de rentrer chez moi. Voilà ce que je risque !

— Ils feraient ça ? Ils iraient jusqu'à te mettre hors course ?

— Bien sûr, qu'est-ce que tu crois ? Le vélo, c'est pas les Bisounours. Rappelle-toi de ce que la Sunweb a fait à Barguil sur la Vuelta l'année dernière. Ils l'ont mis hors course car il n'avait pas attendu Kelderman, son leader. Enfin bon, on verra bien. Maintenant c'est la montagne... Un autre Tour commence.

Le lendemain, après l'étape entre Annecy et Le Grand-Bornand, je suis allé dîner avec un équipier qui n'était pas aligné sur le Tour de France : Clément Chevrier. Je ne connaissais Clément que de nom. Chevrier, donc.

Je savais simplement qu'il était membre de l'équipe AG2R La Mondiale. Un équipier de Romain Bardet. Dans un premier temps, j'ai voulu le rencontrer pour le livre parce que j'avais vu sur Instagram qu'il aimait le vin, j'ai trouvé ça original. Mais je n'en savais pas plus sur lui, je n'ai pas trouvé grand-chose sur Internet ou dans la presse. J'ai pensé qu'on verrait bien... Dans le pire des cas, je ferais trois lignes sur lui et tout le monde serait content.

Nous nous sommes donc rencontrés pour la première fois le mardi 17 juillet, au restaurant La Parfumerie à Viviers-du-Lac et ça a été comme un coup de foudre, le même qu'avec mon pote Juju, le parrain de mon fils, il y a bientôt quinze ans, sauf que Clément n'a pas une grosse veine en forme de Y qui sort de son front quand il se marre, mais là n'est pas la question. J'ai tout de suite senti que ça ne serait pas une rencontre comme les autres et que, pour les trois lignes, j'étais marron.

Il y a peu de jours depuis le 17 juillet 2018 où nous ne nous écrivons pas. Je crois pouvoir dire que nous sommes en train de devenir amis et qu'un jour nous ferons partie de ces gens qui comptent l'un pour l'autre.

Clément était à table. Je l'ai reconnu tout de suite car j'avais vu une vidéo de lui où, junior, il gagne devant des premières catégories, peinard, sa douzième victoire de la saison. Son visage n'a pas beaucoup changé depuis, il a des traits juvéniles, il paraît plus jeune que son âge, comme Jimmy Turgis. (Je regarde à nouveau la vidéo de Clément, petit junior, et je souris maintenant que je le connais mieux, lui qui s'exprime si bien aujourd'hui fait de légères fautes de français, se prend les pieds dans une ou deux liaisons maladroites, il joue à l'adulte, c'est touchant. Il a déjà cette façon directe de répondre aux questions et cette « intonation de gendarme » que je lui trouve toujours, « Bonjour Madame, gendarmerie nationale, vos papiers s'il vous plaît », il ne lui manque que la moustache épaisse et l'accent du Sud-Ouest. Il me fait rire.)

La première chose que nous avons faite, c'est parler de vin. C'est le sujet parfait. On a commandé une bouteille, c'était comme un convive supplémentaire à table. On s'est vite mis d'accord sur une chose : la beauté des vins du Beaujolais. Je lui ai promis de l'emmener un jour à Villié-Morgon, chez les Lapierre qui font le vin qui m'a donné ma première vraie émotion gustative. Respect éternel, Monsieur Lapierre. On partait sur de bonnes bases.

En réponse à un premier mail que je lui avais envoyé pour lui parler d'*Équipiers*, Clément m'avait dit que ça lui faisait plaisir que quelqu'un s'intéresse à ce rôle, il avait des choses à me dire.

Clément avait été un jeune champion, membre de l'équipe de France dès junior, en concurrence directe avec Alaphilippe et Elissonde. « En équipe de France, mon équipier c'était Alaphilippe et pas l'inverse », dit Clément, non pas pour frimer mais pour faire comprendre sa trajectoire. Pour ce qui est de passer pro, il ne s'est pas posé beaucoup la question, ça devait arriver, c'était nécessaire. Fin de l'histoire.

Pour ça, il a fait comme les autres : il a quitté sa famille en Picardie et s'est installé au pied des montagnes, pour rejoindre le CCF (Chambéry Cyclisme Formation) qui est une sorte de réserve pour AG2R La Mondiale. Clément m'explique que les coureurs étaient obligés de vivre à proximité du service courses pour ne pas être laissés seuls, pour ne pas être à la merci d'une mauvaise rencontre, on a compris : pour ne pas être tentés par le dopage.

Ça n'a pas dérangé Clément de faire le voyage. Il voulait se donner les moyens de son ambition. Et son ambition, c'était d'être un super champion. Rien de moins.

On a continué à discuter de la vie et du vin, des plats servis qui étaient particulièrement bons, de cyclisme. On était très sérieux. Et puis, on a commencé à évoquer d'autres coureurs et j'ai parlé de Pierrot que j'avais vu la veille, et de sa maigreur. Et j'ai dit, un peu pour faire le malin, parce que je n'ai rien d'un journaliste d'investigation ou d'un détective en trench froissé, pipe à la bouche : « Pour moi, le prochain scandale qui guette le vélo, ce n'est pas le dopage, c'est l'anorexie. »

Clément m'a fixé droit dans les yeux, sans méchanceté, mais avec une intensité extraordinaire derrière ses lunettes rectangulaires, et avec son intonation de gendarme, les mots parfaitement prononcés, il a dit : « Je suis anorexique. »

Cette phrase m'a bouleversé, elle m'a coupé en deux, et à l'écrire je frémis encore.

J'ai dit, hésitant, un peu mal à l'aise : « Ah oui ? Pourtant t'as vachement mangé ce soir... » Ce que je peux être con, parfois.

Ça a fait rigoler Clément. Il m'a dit, bienveillant, pour me détendre : « Oui, c'est vrai. Mais tu vois, dans deux jours, toi tu auras oublié ce que tu as mangé. Moi je me souviendrai de ce que j'ai mangé dans deux mois, et je me souviendrai aussi de ce que toi tu as mangé... »

J'ai compris ensuite que l'anorexie de Clément n'avait plus cours aujourd'hui. Clément est comme un alcoolique abstinent. Il sait que la bête est là. « L'assassin est en moi », il a dit. Je ne sais pas s'il a lu Jim Thompson, mais il ne veut pas se laisser faire.

Quand il est arrivé au CCF, Clément mesurait un mètre soixante-dix-huit et pesait soixante kilos, c'était pas Gérard Depardieu non plus... Quelqu'un l'a regardé et a tout de suite perçu dans son physique la silhouette du grimpeur moderne. Il lui a dit : « Clément, perds quatre ou cinq kilos et tu voleras en montagne. » Mais l'homme, dont Clément respectait l'expertise, dont les mots sur lui avaient un réel impact, s'il avait pu jauger en un clin d'œil le potentiel athlétique de ce jeune coureur, ne savait rien de sa détermination. Et la détermination de ce jeune coureur était immense.

Clément a fait comme on lui a dit, il a perdu du poids. Il a fait attention, de plus en plus, il a roulé pour améliorer ses performances et brûler des calories comme ces herbes sèches qu'on crame, nonchalant, sous un briquet qui étincelle, et voir comment ça va faire. Et ça marchait, à chaque pesée son corps se faisait plus léger. Il avait le sentiment de « faire le métier » comme disent les vieux qui ont oublié depuis longtemps ce que ça fait d'avoir mal aux jambes. Et « faire le métier », c'était déjà un peu être pro, à l'image des coureurs qu'il voyait à la télévision et qu'il voulait rejoindre.

Ça ne s'est pas fait en un jour, mais ses amis ont commencé à s'inquiéter. Et quand il n'était pas là, c'était de plus en plus souvent qu'on parlait de lui en finissant par se demander si « Clément n'avait pas un problème ». Mais le poids, dans le cyclisme, en même temps qu'il est devenu une nouvelle obsession, est devenu aussi un tabou. Ce n'était pas facile d'en parler.

Un jour, Amandine, la compagne de Romain Bardet, a osé dire à Clément que ça n'allait pas. C'était à Vence, dans les Alpes-Maritimes. Elle venait de verser deux petites cuillères d'huile d'olive dans la salade quand Clément lui a fait remarquer que c'était peut-être « un peu beaucoup... » Amandine savait bien que Clément voyait en Romain un modèle et c'est vrai que le poids, dans le cyclisme, et particulièrement pour les grimpeurs, influe sur la performance. Mais Clément fantasmait complètement le rapport de Romain à l'alimentation. Romain n'a pas un rapport mortifère à la nourriture. Amandine l'a dit à Clément : avec Romain ils travaillaient sur les produits, les cuissons, les textures pour que ce ne soit pas gras bien sûr, mais quand même savoureux, qu'il y ait du plaisir. Et elle a précisé que non Clément, avec Romain on n'en était pas à compter le nombre de petites cuillères d'huile d'olive qu'on mettait dans la salade. Qu'il fallait qu'il fasse attention, que la santé c'était plus important que le vélo.

Mais ça n'a pas suffi. Clément a continué de maigrir.

À ce moment-là, lorsqu'il allait rouler, ce n'était plus pour progresser mais simplement pour perdre du poids. Sa performance, c'était maigrir. Ça s'était inversé. Et c'est devenu très grave. Clément se cachait derrière l'idée que c'était son travail, c'était comme ça, voilà tout. Un grimpeur devait être maigre. Chaque fois qu'il se pesait et que les nombres affichés s'abaissaient, c'était comme gagner une course pour Clément. Et il gagnait tous les jours.

Ses résultats en espoirs restaient de haut niveau et il continuait d'être sélectionné en équipe de France. Des équipes professionnelles l'ont sollicité, il a pris la décision de s'engager avec l'équipe continentale Roubaix-Lille Métropole. Mais quelque chose clochait. Il ne saurait pas dire quoi. Le soir du championnat du monde à Florence, il a envoyé un mail et son C.V. à Axel Merckx, le patron de Bissell Development Team, une équipe américaine espoir. Axel Merckx lui a répondu dans la foulée et ils se sont tout de suite mis d'accord. Clément allait partir, plutôt que dans le Nord, à bloc, les braquets tout à droite, aux États-Unis.

Au cours de l'hiver suivant, les choses ont empiré. Clément s'est retrouvé seul face à lui-même, libéré de ses engagements vis-à-vis du CCF et pas encore pris en charge par sa nouvelle équipe.

Un matin, pendant un de ces mois humides et froids, il est passé sous les cinquante kilos, « quarante-huit », dit

Clément. Son corps l'a lâché. Son cœur souffrait, ses os qu'il ne nourrissait plus se sont mis à se dévorer entre eux. On a voulu l'hospitaliser mais il a refusé. Et on lui a dit le mot, pour la première fois : anorexie.

Clément a répondu que c'était faux. L'anorexie, c'était une maladie de fille, un truc pour les mannequins, dans les magazines. Lui était un homme, un sportif de haut niveau, un copain de Romain Bardet ! Alors l'anorexie, merci bien mais ce n'était pas pour lui. Il faisait son travail ! C'est compliqué à comprendre, ça ? Que c'était son travail ?! Maintenant, qu'on arrête de lui prendre la tête et qu'on le laisse devenir le champion qu'il doit être.

Clément ne voyait pas que oui, son corps était devenu celui d'une fille, celui d'un mannequin de magazine, qu'il était malade. Que l'assassin était en lui.

Il ne voulait pas se faire hospitaliser ? Tant pis pour lui. Mais on a fini par le menacer. Le médecin fédéral et celui d'AG2R La Mondiale lui ont dit que s'il ne voulait pas être pris en charge à l'hôpital, c'était son choix, mais que si au 6 février 2014 il ne pesait pas au moins cinquante-six kilos, on ne lui accorderait pas de licence, ils en avaient le pouvoir et en prendraient la responsabilité. Sans licence, il ne partirait pas aux États-Unis. Ça changeait tout. Car Clément, en Joe Dassin, voulait avoir l'Amérique. Et il l'aurait.

Clément a joué le jeu. Contraint, pas le choix. Il s'est soumis à l'ultimatum. Il s'est requinqué, juste assez pour soulager son cœur, pour empêcher ses os de se dévorer entre eux. Avant la pesée du 6 février, Clément a bu de l'eau à s'en faire péter la vessie, il a enfilé au poignet la montre la plus lourde qu'il a pu trouver. Il s'en amuse aujourd'hui. C'est passé tout juste.

Je peux me tromper mais je crois qu'à ce moment-là Clément aurait pu retomber dès le lendemain dans une anorexie tout aussi grave. S'il avait repris du poids, c'était seulement pour pouvoir continuer à courir.

Clément n'était pas guéri. Il avait décidé de tout envoyer valser de toute façon, de se barrer, tagada tagada. Il reviendrait encore plus fort en Europe montrer à tous de quelle trempe il était. La vie et les difficultés qui vont avec et qu'il a la pudeur (la vraie) de ne pas étaler au monde, il savait ce que c'était.

Il est parti aux États-Unis. Dans l'avion, il s'est dit que, dans le pire des cas, il y apprendrait l'anglais. Quand il est arrivé là-bas, on l'a regardé comme à son premier jour à Chambéry mais on lui a dit : « Avec nous, il va falloir que tu manges. On ne fait pas de vélo avec un corps comme le tien. »

Je crois que cette phrase a été fondamentale, car Clément l'a acceptée. Elle a inversé le schéma, elle lui a retourné le cerveau.

Clément s'est remis à manger, et même sans trois litres de flotte dans le bide et une montre de cinq cents grammes au poignet, les valeurs sur la balance ont commencé à remonter doucement, ses muscles ont grossi, son corps cessait d'être celui d'une fille, celui d'un mannequin de magazine. Il pouvait reprendre la route, Clément en Kerouac cette fois, on y reviendra. C'est toujours pas Gérard Depardieu non plus.

L'aventure américaine a plu à Clément, en même temps qu'il montait les longs cols du Colorado, il a progressé. Il a grandi. Et puis il a découvert une autre façon de faire du vélo, davantage basée sur la joie. C'est cette approche qui lui convenait. Il a marché très fort sur les courses américaines en avril, mai, juin et il a été pris stagiaire dans l'équipe Trek.

Il est revenu avec Axel Merckx pour une dernière course en août et il a remporté le classement de meilleur jeune du Tour du Colorado. Ce n'était pas rien. Puis, on lui a fait signer son premier « vrai » contrat professionnel, dans une équipe

World Tour, l'échelon le plus élevé. Chez IAM, néo-pro. C'était parti pour deux ans.

J'aime bien Clément car à chaque fois qu'il me dit quelque chose, je lui demande : « Je peux le mettre ça, dans le livre ? » et il me répond invariablement : « Si je te le dis, c'est que tu peux l'écrire. »

À la fin de la saison 2016, l'équipe IAM, qui était à la recherche d'un co-sponsor, s'est arrêtée. Les coureurs n'ont pas eu la chance de Perrig quelques années auparavant et trente gars se sont retrouvés sur le carreau. Quand c'est comme ça, pour les autres équipes c'est la fête. Car le peloton professionnel (moins de mille coureurs à travers le monde) est si réduit qu'une équipe qui s'arrête, c'est à l'échelle du circuit une masse énorme de travailleurs qui frappent à la porte : « Toc, toc, on est là et promis, on ne sera pas chers. » Cette masse défavorise les coureurs au moment des négociations, elle les oblige à prendre des contrats plus courts, moins bien rémunérés, avec des conditions moins avantageuses : « Estime-toi heureux qu'on te file du boulot, mon gars. »

J'envoie un texto à Clément :

C'est un peu indiscret mais tu gagnes
combien aujourd'hui ?

En ce moment,
mon contrat est à 50 000 euros brut

D'ac merci

Par an !

J'avais compris ;)
que c'était pas par mois

Oui enfin ça aurait pu être
pour 2 ans (☺)

Ahaha. Je peux le mettre dans le livre?

Yep.

Cinquante mille euros brut, c'est un salaire de cadre. C'est une rémunération qui est loin d'être scandaleuse pour un jeune homme de vingt-six ans mais bien entendu, elle ne permet pas de mettre une famille à l'abri pour une vie entière et la question de la reconversion est essentielle chez les équipiers. L'amplitude salariale est énorme avec les grands leaders.

Cinq ou six coureurs français gagnent actuellement plus d'un million d'euros par an brut, soit vingt fois plus, pour ceux qui ont la flemme de calculer. Je fais remarquer la différence à Clément et il me dit qu'entre équipiers les écarts peuvent aussi être importants et qu'un équipier qui a permis de façon décisive à son leader de remporter une grande victoire peut se voir proposer des contrats à plus de deux cent mille euros dans son équipe, ou dans une autre. Pour fournir ensuite un travail à peu près égal à celui d'un équipier moins coté. Ça, c'est quand ça se passe bien.

Il arrive aussi qu'une équipe veuille se séparer d'un équipier et dans ce cas-là, si on ne le renvoie pas directement, on commencera par lui proposer un nouveau contrat, souvent pour un an seulement et sans réévaluation de son salaire (déjà, quand on a une proposition comme celle-là ce n'est pas bon signe...), si on veut être certain qu'il parte on lui proposera une baisse de sa rémunération.

Quand l'équipier viendra plaider sa cause, on lui reprochera de ne pas gagner et il répondra que son travail, c'est de faire gagner les autres, qu'on l'a recruté pour ça et qu'il le fait plutôt bien. Oui mais tu comprendras que des gens qui font gagner les autres, on en trouve plein finalement, et moins chers que toi, estime-toi heureux qu'on te propose un nouveau contrat, alors c'est oui ou c'est non, mais que tu restes ou pas ça ne va pas changer notre vie, tandis que la tienne...

Clément était donc sur le carreau, avec vingt-cinq ou trente autres gars. Lui le néo-pro avait toutes les cartes en main pour s'en retourner faire un tour en amateur et pointer au chômage. Mais c'est une équipe World Tour qui lui a redonné une chance : AG2R La Mondiale. Clément y postulait pour un travail d'équipier. Ses premières années professionnelles lui ont vite fait comprendre qu'il ne pourrait pas prétendre à un rôle de leader. La différence, qu'elle soit mentale ou physique, était trop grande pour Clément et il a eu la force d'esprit de ne pas se voiler la face pour trouver son épanouissement dans le don de ce courage, le sien, qu'il faisait aux autres pour leur permettre de gagner.

Au premier entretien avec les directeurs sportifs, celui qui a suivi son recrutement, en novembre 2016, on lui a dit : « Du coup Clément, ta saison 2016 en chiffres... bah... bah... tu es né le 29/06/1992 et tu fais 1m77. »

— Ça te met dans le bain direct, dit Clément.

— Comment on réagit quand on se fait défoncer comme ça devant tout le monde, faut un moral exceptionnel ? je demande.

— Tu sais, à ce niveau on a tous de l'orgueil. J'ai pris sur moi. Je me suis dit que j'avais de l'énergie à balancer pour leur montrer, et que je pédalerais pour moi et pour ceux qui me font confiance. Mais au rendez-vous suivant, en stage, j'ai tenu à remettre les points sur les « i ». Je suis allé trouver les DS et je leur ai dit que j'étais conscient de ne pas être particulièrement considéré sportivement mais que j'avais beaucoup de sérieux et d'amour pour le maillot. Que j'étais moins fort que certains mais que j'avais davantage d'envie.

— Jean-René Bernaudeau m'a dit que l'amour et la confiance dans l'autre c'était aussi important que les watts...

— C'est sûr. Je sais bien que Romain a poussé pour me repêcher après l'arrêt d'IAM et qu'avec vingt gaziers bradés sur le marché j'étais sûrement pas la priorité d'AG2R La Mondiale. Même si je venais du CCF, quand t'es néo-pro c'est chaud pour retrouver un contrat.

C'est vrai, Romain Bardet a eu un rôle central. Mais l'appui qu'il a donné à Clément au moment où IAM s'effondrait n'avait pas seulement pour but de l'aider, comme on le ferait pour un copain en difficulté en lui trouvant un petit boulot, en le pistonnant juste ce qu'il faut, et lui éviter d'être au chômage. Et il ne faut pas y voir de paternalisme ou de coup de pouce illégitime non plus. Car Romain considérait que Clément avait encore sa place dans le peloton et plus encore chez AG2R La Mondiale au vu de son parcours et de sa formation, au CCF notamment. Et Romain y voyait aussi un intérêt personnel.

Clément est un de ses meilleurs amis et le cyclisme tel qu'il est pratiqué aujourd'hui fait vivre aux coureurs une vie de nomades, où les lieux dans lesquels ils dorment, dans lesquels ils mangent, dans lesquels ils patientent, la plupart du temps, leur sont étrangers. Romain cherche aussi, à travers ses équipiers, des visages familiers, des repères auxquels se raccrocher, il veut que l'aventure qu'il vit soit humaine. Pour lui, le vélo n'est pas une odyssée solitaire où chacun est là, en groupe, mais seul, assis à des tables le soir après la course, ou tôt le matin, sans mots échangés. Le vélo, pour ces hommes, c'est aussi la vie.

Pour Romain, le fait de partager des moments avec des gens qui lui sont proches, dans lesquels il a confiance, c'est aussi un levier qu'il active pour être plus performant face à la concurrence. Ou parfois pour ne pas renoncer.

La Vuelta 2017 a été une longue suite de galères pour AG2R La Mondiale et notamment pour Romain Bardet. Il souffrait de douleurs aux pieds qui ne lui laissaient aucun répit. Il y a peu de gens qui auraient continué à s'infliger des étapes longues et brûlantes avec ces douleurs, alors qu'un mois avant, il avait terminé encore une fois sur le podium du Tour de France, vainqueur superbe de l'étape entre Pau et Peyragudes. Mais Clément était là en Espagne, sur la course, et Romain, malgré sa peine, ne voulait pas abandonner. Pour ne pas le laisser seul. Pour ne pas laisser seuls ses autres gars non plus. Et la première bière qu'ils ont bue ensemble à Madrid au soir de l'épreuve terminée, ils s'en souviendront encore longtemps. Rien que pour cette bière, avoir mal comme ça valait le coup.

Malgré tout, malgré l'amitié de Romain, malgré sa passion de la compétition, malgré son goût de l'entraînement, malgré son amour du maillot, Clément pense à l'avenir dès aujourd'hui. Il ne veut pas faire de vélo pour les mauvaises raisons. Il ne veut pas être dépendant financièrement d'un métier si d'aventure il ne s'y retrouvait plus. Alors, il a décidé de rester au milieu des gens mais aussi de se balader au milieu des vignes. Clément en Kerouac du vignoble, et il a fondé en parallèle de son activité cycliste une société de conseils et dégustations en vin. Ça s'appelle « Épicurieux ».

Il profite de sa vie vagabonde imposée par son métier pour visiter des domaines partout dans le monde. On appelle les grands œnologues toujours entre deux avions, ceux qui font du vin dans des tas de pays différents grâce à leur expertise, des «*flying wine makers*», eh bien Clément a inventé le concept de «*flying wine goûteur*». Il est en train de devenir un fin dégustateur et de se forger une culture viticole solide et joyeuse. Pour ça, il cause, mais surtout il pose des questions et écoute les réponses sans faire semblant. Il regarde les mains des vignerons, observe, admire les paysages façonnés par les paysans, puisque c'est là leur génie, en plus de faire bon.

17.

PRESCRIPTION, JOUÉCLUB, DOLIPRANE, ENDORPHINE ET POINTS DE SUTURE.

Je viens de faire lire ce que j'ai écrit à Clément. J'étais ému de lui envoyer, car ce n'est pas tous les jours qu'on évoque les problèmes de santé de quelqu'un et je voulais aussi dire de jolies choses sur lui, ne pas le réduire à l'anorexie car Clément est bien plus complexe que ça.

Il a lu le texte et m'a envoyé un message :

Salut Greg,
c'est très bien ce que tu as écrit !

Hey Clément ! Je suis content si ça te plaît.
Je faisais pas le fier en te l'envoyant...

J'espère que ça va aider
d'autres personnes.

En tout cas, tu es drôlement courageux
de dire tout ça alors que tu cours encore.

Courageux je sais pas,
mais j'ai un passé. Et quand tu es jeune,
la pression qu'on se met, ça peut faire des
dégâts et j'en ai vu passer par là sans avoir
la chance d'avoir ma réussite derrière.

Tu m'étonnes ! Bon j'ai bien bossé
aujourd'hui grâce à toi. J'ai mérité
de boire un coup de rouge tu crois pas ?

Yes ! Tu l'as mérité, ça va te lubrifier les
idées. D'ailleurs à propos de ça. Je trouve que
t'y es allé relax sur la soirée à Aix-les-Bains.

Non, c'est pas ça mais je voulais pas que
t'aies de soucis, par rapport au boulot
je sais pas si je peux tout raconter.
Je veux pas te faire d'ennuis.

Mais on s'en fout, y a prescription !

Prescription, Clément ? C'était y a trois mois !

Bah ouais, un blam pour faute grave
c'est dans les trois mois. Vas-y, raconte !
C'est ça la vie, y a pas que le vélo.
Dis-leur aux gens !

Si je le fais je vois d'ici la tête de mon
éditeur, il va me dire que je sors du sujet,

que je me fais plaisir ou je ne sais quoi,
et qu'on n'est plus dans Équipiers.

Mais au contraire ! Il faut aussi
que le public comprenne qu'on n'est pas des
surhommes. Qu'on a des moments de vie comme
eux. Ça leur évitera de croire qu'on est des
machines, y a rien de plus faux.
Et puis si tu le dis pas, c'est de la censure.
Voilà ce que je pense !

Puisque la censure c'est mal, je reprends donc le fil de l'histoire à la fin du repas au restaurant à Viviers-du-Lac.

Le lendemain, je me levais tôt pour suivre l'étape et j'avais pris un petit hôtel un peu punk (oui, ça existe) sur les bords du lac du Bourget. Je m'étais promis de suivre les étapes du Tour en grand professionnel, en mode « Perrier et salade estivale ». Mais à la fin du repas avec Clément, nous n'avions pas envie de nous quitter.

J'adore les soirées comme celle-là, quand on a l'impression que le monde et sa beauté, la nuit, n'existent que pour nous. Clément venait de me dire qu'il était passé chez son grand pote Axel Domont qui s'était cassé la clavicule pour la quarante-six ou quarante-septième fois de sa carrière après sa chute à Sarzeau, une semaine avant, et qu'il fallait que je rencontre Axel. Si j'avais encore cinq minutes et malgré l'addition réglée et les cafés bus, il pourrait me raconter ses liens avec lui. C'était un formidable prétexte pour poursuivre la soirée. On a dit d'un commun accord : « Bon, un dernier verre et on se connaît plus. » Je crois que c'est à ce moment-là que la soirée a basculé.

Ainsi, nous avons pris la route du centre d'Aix-les-Bains, et nous avons toqué tout guillerets à la porte de chez « Glou

Miam », épatant restaurant-cave-à-manger, pour demander s'il serait possible de boire un petit verre de vin, vite fait. Le patron nous a regardés en disant que oui, un dernier verre, vite fait, c'était possible. Il nous a apporté la carte des vins. Je crois que c'est à ce moment-là que la soirée a basculé.

Quand nous l'avons vue, c'est comme si on avait lâché Marcel (mon fils de quatre ans, celui à qui ce livre n'est pas dédié pour ne pas faire de jaloux avec sa sœur) et Charles (le fils d'un très bon ami de Clément, il s'est mis au vélo il y a deux ans, il en a huit, « il grattait de la patte costaud pour en faire » dit Clément, « il paye à voir » dit encore Clément) chez JouéClub. Il y avait tout ce qu'on aime. Vraiment tout. Et pour pas cher en plus, et puis, plus la soirée avançait, moins ça nous paraissait cher de toute façon... J'appelle ça la « désinflation éthylique ».

On s'est dit qu'au lieu de boire un verre chacun, autant prendre une bouteille, c'était tout de même plus simple et plus convivial et ça faisait moins radin. C'est ce que nous avons fait. J'ai commandé une bouteille et j'ai demandé au patron de la mettre à l'aveugle pour Clément, histoire de voir ce qu'il avait un peu dans le palais, l'équipier. Il s'est planté en pensant à un grenache du Rhône sud, j'ai bien vu qu'il était déçu. Le vin en question c'était un Morgon, la cuvée 3.14 de chez Jean Foillard, millésime 2014. Quel délice ! Je crois que c'est à ce moment-là que la soirée a basculé.

En même temps qu'on s'arsouillait (c'est le mot juste), Clément m'a dit un de ses grands souvenirs de vin, même si c'était un souvenir triste. C'était quelques mois avant, après son entretien annuel avec ses dirigeants qui ne s'était pas très bien passé. On lui avait reproché de ne pas prendre assez les échappées, son manque de « gnaque », son absence de résultat, sa lourde chute du début d'année n'avait pas aidé, il faut bien le dire.

À la sortie de l'entretien, il avait pensé que c'était terminé, on allait le virer. Il a appelé un de ses meilleurs copains et lui a dit de passer à la maison. Le vélo c'était peut-être fini pour lui, et il allait ouvrir une des plus belles bouteilles de sa cave pour l'occasion, pas pour célébrer, mais pour parler tard dans la nuit, pour refaire des lois, pour partager. Les watts, les dossards, le lycra, les grands plateaux qui entaillent les mollets, les couvre-chaussures et les mains qui serrent fort les guidons, il en avait sa claque ce soir-là. Clément avait soif d'humain, il voulait s'enivrer, à sa guise, s'enivrer de la présence de l'autre, pour faire l'expérience pleine et entière de l'altérité. C'est ce qu'il a fait, avec son copain, il s'est soûlé. Soûlé d'amitié et de mots importants.

On l'a appelé deux jours après, pour lui dire qu'on lui remettait deux ans de contrat, finalement. Il restait coureur. Mais plus le même. La soirée avec son copain demeurait dans ses pensées et il donnerait la priorité à l'humain désormais, quoi qu'il fasse. Il en était sûr, cela ferait de lui un meilleur cycliste.

— Oh regarde ça, Clément ! Ils ont du Clos Rougeard !

— Oui, dis donc !

— T'as déjà goûté le vin des frères Foucault ?

— Non, jamais...

— Alors il faut qu'on goûte ! C'est 2010 en plus, énorme millésime chez eux. Cent dix euros la bouteille ! Ils ont dû se planter sur le prix, c'est pas possible. C'est donné à cent dix balles, surtout qu'à cette heure de la nuit on s'en fout, on a plein de blé.

— Allez hop, on goûte !

Et on a goûté. Ou plutôt on a bu, ce qui est encore mieux. On a payé notre coup au patron et ça a été un super investissement en plus d'être poli, car c'est lui qui s'y est mis, et puis ça a été à la tienne, à la mienne, jusqu'à je ne sais pas quelle heure.

On a fini par se quitter avec Clément. Les taxis sont arrivés et on s'est fait la bise comme font les gens dans ces moments-là en se promettant de se voir plus souvent : « Mec t'es quelqu'un 'ceptionnel, je te jure que c'est vrai, laisse jamais personne te dire le contraire. Tu m'entends ? Personne ! On est comme des frères maintenant. Oh merde mon lacet est défait, attends je vais le refaire. Oh bah mince alors, je sais pas ce qu'il a ce lacet, il veut pas se laisser manipuler. J'arrive pas à former la boucle... Oh et puis on s'en fout des lacets, on est libres à la fin ! »

Je me suis levé le lendemain, moins tôt que prévu, frais comme un gardon qui serait resté dans un seau en plastique au soleil pendant quarante-huit heures avec l'hameçon dans la gueule, et les perches au cul. J'ai commandé un taxi pour aller récupérer ma bagnole, je me suis arrêté à la pharmacie pour acheter leur meilleur Doliprane et un éthylotest car j'avais lu sur Internet que les gendarmes faisaient des contrôles sur les étapes pour les suiveurs, et je ne voulais pas me faire virer, déjà que j'avais galéré comme pas permis pour avoir trois jours d'accréditation. L'éthylotest m'a dit que c'était bon, que je pouvais y aller. J'ai pensé qu'avec la chance que j'ai et la cuite de la veille, à tous les coups le truc était détraqué et que j'allais me faire gauler. J'ai racheté un autre éthylotest pour être sûr et c'est passé crème. J'ai rangé l'amende de stationnement dans la boîte à gants, je l'ai retrouvée l'autre jour, j'espère qu'il y a prescription. J'ai enquillé vers l'arrivée, à La Rosière, les fenêtres grandes ouvertes, puis j'ai comaté sur une chaise en plastique en salle de presse une bonne partie de la journée (Dieu que les étapes sont longues et la vie morne les jours comme ceux-là), jusqu'à ce que Geraint Thomas empoche la victoire et le maillot jaune. Les journalistes à côté de moi se demandaient comment le leader Froome allait réagir maintenant que son équipier était en jaune. On sait depuis qu'il ne s'est pas laissé faire mais que Thomas était plus fort.

Depuis cette nuit, il n'est pas beaucoup de jours donc, sans qu'on ne s'écrive avec Clément, souvent pour parler vin, vélo ou cuisine. C'est vrai qu'on ne parle pas beaucoup de macramé ou d'haltérophilie mais on ne peut pas être bon partout.

Clément, qui n'a pas couru en juillet, avait à son programme de course la Vuelta, dans un rôle d'équipier pour aider Tony Gallopin en montagne et tenter de prendre les échappées pour jouer les étapes. Son endurance et ses qualités de grimpeur en font un appui solide dans cette course où les ouvertures sont plus nombreuses qu'au Tour de France. Cela s'explique par le fait que les équipes n'y envoient pas nécessairement tous leurs leaders, et parce que beaucoup d'équipiers en fin de contrat ou déjà engagés ailleurs pour la saison suivante se montrent moins concernés par l'enjeu.

Clément s'était préparé comme il fait toujours, avec sérieux et méthode, multipliant les longues séances. Il adore s'entraîner. Même si la pulsion émotionnelle de la victoire et le choc d'endorphine qui va avec lui manquent, Clément arrive à trouver des satisfactions presque aussi fortes dans les séances qu'il s'inflige, et dans l'application qu'il met dans la réalisation de ses exercices. Il me raconte son entraîneur qui le met en garde contre une grosse séance à venir dans dix jours et que ce sera dur, il faut qu'il le sache, et qu'il lui envoie ses données, l'entraînement à peine achevé, et le travail accompli comme il faut. Et la fierté qu'il a à le faire.

Clément voulait briller sur la Vuelta, se donner à fond pour l'équipe, montrer qu'ils avaient eu raison de lui faire confiance, donner à voir son amour du maillot – car il l'aime fort ce maillot, et pourquoi pas en accrocher une belle à son palmarès et se prendre un bon shoot d'endorphine.

Je lisais la presse le 22 août, trois jours avant le départ, quand j'ai appris que Clément était forfait pour la Vuelta, qu'il était tombé à l'entraînement. J'ai pensé qu'il n'avait vraiment pas de bol après son énorme gamelle du mois de mars, ça commençait à faire beaucoup. Je lui ai envoyé un message pour prendre des nouvelles, il m'a assuré que ça allait, qu'il avait « une grosse fracture au moral » mais qu'il s'en remettrait. On a dit dans les journaux qu'il était tombé à l'entraînement mais c'est plus bête que ça. Il s'est levé la nuit pour aller pisser, sûrement trop vite, il a eu un petit vertige, a trébuché et s'est cassé la binette, dans le noir, en s'ouvrant le crâne contre une plinthe, bon pour six points de suture. L'équipe, suite à ça, n'a pas voulu prendre de risque avec sa santé et l'a remplacé par Julien Duval.

J'imagine que c'est le genre de claque qu'on se prend, celles dont parlait Perrig Quéméneur, ces déceptions qu'on surmonte par orgueil, par désir, ou parce qu'on n'a pas le choix de faire autrement, car il faut bien donner à manger aux enfants et leur payer un toit pour éviter que leur lit soit mouillé quand il pleut, chaque raison est bonne.

18.

TERRITOIRE, AXEL DOMONT, CHEF-D'ŒUVRE, CHUTE ET BEAUTÉ.

Quand j'étais gamin et que je faisais encore du vélo, mon supplice c'était d'aller m'entraîner seul. En junior, ma dernière année, je roulais tous les deux jours : une petite récupération le lundi d'après-course, la longue sortie en groupe le mercredi après-midi, et une intensité (on appelait ça « le fractionné » à l'époque) le jeudi, ou le vendredi soir, selon mon emploi du temps au lycée.

L'unique sortie que j'effectuais avec enthousiasme (un enthousiasme modéré tout de même), c'était celle du mercredi car j'y voyais du monde et je pouvais discuter. Nous roulions en petit peloton, deux par deux, insultés par les automobilistes empressés et haletant de colère devant leur moyenne qui fondait comme neige au soleil, et les vingt-trois secondes perdues derrière « ces connards de cyclistes ».

Maintenant que j'ai repris le vélo, quinze ans plus tard, que je roule bien à droite, rarement insulté, mais souvent frôlé encore par les rétroviseurs croqueurs de jambes, je ne souffre plus de faire du vélo seul.

Au début, j'ai pensé que c'était dû à mon âge. Bien que je me considère toujours comme un homme jeune (j'enfile encore régulièrement des jeans slim), je me suis mis à envisager la possibilité que j'étais arrivé à ce stade de la vie où l'on goûte enfin aux joies de la contemplation, où la vue de la forme d'un nuage, celle de la cime d'un arbre, le battement d'aile d'une grue cendrée, suffisent à se dire, le soir venu, un livre de la Pléiade à la main, le verre de cognac sur le guéridon, que cette journée valait la peine d'avoir été vécue. Bref, que je m'emmerdais.

C'est en allant rouler en montagne avec Axel Domont que j'ai compris que je n'étais pas arrivé encore à cet âge de la vie. Et que mon plaisir nouveau de la pratique du cyclisme en solitaire n'était pas lié non plus à une capacité de contemplation particulière, mais bel et bien au lieu dans lequel je roulais désormais : le Jura suisse et sa moyenne montagne.

Car le cyclisme, s'il me semble indépassable du point de vue physique, est aussi un sport de territoire, et on devrait imposer des heures de vélo dans le cursus des étudiants en géographie, voilà une réforme qui ferait du bien à tout le monde. La vitesse de déplacement, entre vingt-cinq et trente kilomètres/heure, la durée de l'entraînement, deux ou trois heures, les kilomètres effectués, disons soixante ou soixante-dix, sont idéaux pour qui veut découvrir l'étendue et la diversité d'un lieu, pour qui veut contempler la forme d'un nuage, pour qui veut s'émerveiller devant la cime d'un arbre, pour qui veut... Enfin bon, on a compris.

Mais le cyclisme rend aussi dépendant de ce territoire, du sens du vent, de son orientation, de l'abri offert ou non par un talus, de l'emplacement des arbres, de leur coupe, de l'inclinaison du sol, des précipitations, du rendement du macadam et d'autres choses encore.

En plaine, le seul moyen d'échapper pour partie à cette dépendance, c'est de rouler en peloton et de profiter de la force des camarades. Et je me rends compte aujourd'hui que c'est pour cela que j'aimais les entraînements du mercredi qui avaient lieu en Bretagne où je vivais alors, avec ses côtes parfois rudes certes, mais rarement longues. Ce n'était pas seulement pour causer et voir du monde, mais parce que les autres, en m'abritant, rendaient l'exercice plus facile.

Le lendemain de la soirée avec Clément, un peu avant la fin de l'étape du 18 juillet entre Albertville et La Rosière, tandis que je finissais de comater sur ma chaise en plastique, j'ai envoyé un message à Axel Domont pour lui demander s'il accepterait de me parler pour *Équipiers*. Et le lendemain, tôt, il m'a répondu que sur le principe il n'avait rien contre, mais qu'il partait le jour même se faire opérer et qu'il s'en occuperait après.

J'ai retrouvé Axel chez lui, à la mi-septembre 2018. Son opération s'était bien passée et il avait repris le vélo, et même la compétition, quelques jours auparavant. Je suis arrivé vers midi et Axel, en tenue de coureur, grand sourire, m'attendait pour finir sa dernière heure d'entraînement avec moi, lui qui venait d'effectuer quatre heures de « derrière scooter ». Ces longues sorties dont il se pensait incapable plus jeune ne le bouleversent plus aujourd'hui.

Nous sommes partis grimper un petit col derrière chez lui, je m'en réjouissais car, même si j'avais déjà monté beaucoup de cols depuis mon arrivée en Suisse, c'était la première fois que je le faisais avec un autre cycliste. Mais ça a été une galère invraisemblable pour moi, car la présence d'Axel rendait la chose beaucoup plus difficile, presque insupportable, et à essayer de garder sa roue en pensant me faciliter l'exercice, je m'écroulais.

Parce que gravir un col, c'est une expérience de retrait du monde. La ligne blanche devant soi qui se délie à la sortie du lacet, c'est le poing du boxeur qui s'allonge pour cadrer l'adversaire. Il n'y a plus que cela qui compte : jaber et jaber encore pour arriver au sommet. Quand c'est comme ça, le corps est à la montagne, il lui appartient tout entier. Les mains sur le haut du guidon, les jambes souples, le cœur maîtrisé, c'est l'exaltation de la patience, l'interdiction de la fougue, car dans un col, l'accélération c'est la mort, le ralentissement c'est la mort, le doute c'est la mort. Seuls comptent la volonté d'y parvenir et le désir fiévreux de voir l'autre versant, peut-être aussi l'acceptation de la soumission au réel. En tout cas, il n'y a pas de place pour l'autre.

Heureusement, Axel a eu pitié de moi et il a prétexté qu'il avait assez roulé pour escamoter le col à mi-pente et qu'on finisse la sortie tranquilles dans la vallée. Il faut dire qu'il n'avait pas apporté de défibrillateur dans la poche arrière de son maillot. Il a dû avoir les chocottes à me voir transpirer comme dans un sauna et respirer comme si j'avais la capacité pulmonaire d'un enfant de trois ans.

Axel est professionnel depuis 2013, il est aujourd'hui l'un des coureurs les plus proches de Romain Bardet. Si l'on prend l'exemple de la saison 2017 qu'Axel a effectuée entièrement, il a couru soixante-quinze jours. Sur ces soixante-quinze jours, soixante et un l'étaient au côté de Romain et ça aurait été davantage si Romain n'avait pas été mis hors course après la première étape de Paris-Nice. Et la réciproque est encore plus explicite puisque, cette année-là, Romain n'a pris le départ que de trois courses sans Axel.

Axel est considéré comme un grimpeur, et c'est d'ailleurs ce qui est indiqué sur le site de son équipe, et quand je lui dis, il me rétorque que non, c'est faux. Il dit : « Arrête, je me prends des branlées par tous les vrais grimpeurs. »

Certes, il monte bien et il a du plaisir en montagne, mais un grimpeur, pense Axel, c'est plus que ça. Axel a les ressources physiques pour aider un « pur » grimpeur et c'est ce qu'il fait avec Romain, mais il n'accepterait pas qu'on le fasse passer pour ce qu'il n'est pas, quand bien même cela serait glorifiant. Car, quand il est là pour Romain, il est rouleur s'il faut rouler, puncheur s'il faut puncher, grimpeur s'il faut grimper, bison s'il faut frotter. Axel est équipier. Et revendiqué comme tel.

A-t-il mis pour autant ses ambitions de côté ? Non. Il n'a pas renoncé à gagner, et même, ça commence à sacrément lui manquer de ne plus lever les bras. Et s'il faut encore s'en convaincre, il suffit de voir sa tête, son émotion, à l'arrivée de la première étape du Critérium du Dauphiné 2017 où, deuxième à Saint-Étienne, battu par Thomas de Gendt, mais le Belge en a battu d'autres, il ne peut que constater, écœuré ou anéanti, je n'ai pas osé lui demander quel serait le juste adjectif, que la victoire s'est envolée et le maillot jaune avec elle.

Mais ses ambitions ne sont pas seulement personnelles et c'est ça qu'il faut comprendre, elles l'ont dépassé, elles s'incarnent en lui et dans un autre. Et l'autre, c'est Romain Bardet. Ce n'est pas faire injure aux leaders de circonstance qu'Axel épaule parfois avec professionnalisme quand Romain n'est pas là, mais c'est ça. C'est comme si ces deux-là s'étaient trouvés, et même si Romain lui dit parfois qu'il faut aussi penser à lui, qu'il doit profiter de son absence pour performer, Axel n'y arrive pas encore, car ce qu'il veut profondément, c'est que Romain gagne un grand tour et y avoir pris toute sa part. Rien de moins. Il fera ce qu'il faut pour ça. Pour voir encore son leader sur le podium comme il l'a vu sur les Champs-Élysées en 2017, et qu'il avait l'impression d'être à côté de lui, mais il veut la plus haute marche cette fois. Il ne se contentera pas de Romain avec un autre coureur debout au-dessus de lui sur la boîte. C'est évidemment une ambition professionnelle, une démarche physique, mais aussi philosophique et presque esthétique. La contribution à la création d'un chef-d'œuvre. Et les grands tours sont des chefs-d'œuvre.

Axel au côté de Romain, ne restent donc que les plus grandes courses pour combler son ambition, puisque ce sont celles auxquelles participe Romain.

Vient le temps de parler de la concurrence au sein des équipes. Les grands équipiers de la trempe d'Axel rêvent tous de l'éclat de ces grandes courses. Dans un effectif d'une trentaine de coureurs, on devra en choisir seulement huit parmi eux pour participer au Tour de France, au Giro ou à la Vuelta. Dans le cas d'Axel, l'objectif de sa saison est le Tour puisqu'il est aussi celui de Romain, et Axel fera tout pour participer à cette épreuve au risque, sinon, que le chef-d'œuvre soit façonné sans lui.

Longtemps, on sélectionnait les coureurs les plus forts une semaine avant le Tour de France, on les associait et cela faisait une équipe. Les choses ont changé. Aujourd'hui, les coureurs sont pré-sélectionnés plusieurs mois à l'avance en vue de cet objectif spécifique. Et lorsque l'on trouve « injuste » la non-sélection d'un coureur valeureux, on se trompe. Car la justice, la morale ou le droit n'ont rien à voir là-dedans. Seule compte la performance, et la façon dont elle s'intégrera au projet collectif.

La performance est souvent insaisissable pour ce qui est des équipiers puisqu'elle n'est pas formalisée par un chiffre, une place, un classement.

Un journaliste appelle Axel un peu avant le départ de Paris-Nice 2018 et lui demande, au vu de ses résultats au classement général les années précédentes (soixante-sixième en 2016 et soixante-huitième en 2017), s'il vise mieux, et pourquoi pas un top 40 ? Et Axel dit qu'il n'en a rien à cirer de faire un top 40, un top 30, de finir seizième, cent quarante et unième ou avant-dernier d'une étape. Car ce n'est pas son travail, ce n'est pas ce qu'on lui demande, ce n'est pas ce pour quoi il est fait. Du moins, aujourd'hui.

– Alors c'est quoi ton job ?

– Mon job ? Je vais te donner un exemple pour que tu comprennes. On a la chance que Romain soit très bon pour se placer dans le peloton, ce qui n'est pas le cas de beaucoup de grimpeurs qui traînent souvent à l'arrière. Mon boulot, ça va être de leur en mettre plein la gueule avec des énormes relances tout le temps de la course pour qu'ils se fatiguent et qu'au moment où mon leader attaque, peut-être cent ou cent vingt bornes plus tard, les forces que les mecs ont laissées dans les relances leur manquent pour crocher à la roue de Romain. C'est un travail qui, la plupart du temps, est pour ainsi dire invisible. Mais qui existe. Qui est essentiel.

Le mardi 10 juillet 2018, les coureurs du Tour de France ont pris la route pour cent quatre-vingt-quinze kilomètres entre La Baule et Sarzeau, une de ces étapes qu'on annonce « piégeuses » pour ménager le suspense, mais personne n'y croit. On sait qu'elle sera remportée par un sprinteur, et ça n'a pas loupé puisque c'est Gaviria qui a gagné devant Sagan et Greipel après que le peloton eut rattrapé les échappés à deux bornes de la ligne.

Le piège, alors, c'est la chute et Axel est tombé dans le piège, la clavicule la première. Dans *Là où leurs mains se tiennent,* mon premier livre qui était une fiction, voilà comment j'avais décrit la chute :

Imaginez un peloton entier lancé à 70 km/h qui vous tombe dessus. C'est un fil invisible qui sectionne les jambes d'une armée de chevaux lancée à pleine allure.

La chute, c'est deux roues qui se frottent, ou mieux, deux guidons qui s'accrochent. Tout se passe en quelques secondes, et tout se répète irrémédiablement. C'est un ballet.

Un léger crissement de frein, un premier cri. Un autre. Les yeux se ferment. Le temps s'est arrêté.

En dehors du peloton, toute forme de vie a disparu. Le monde est tout entier en lui. Le silence est total désormais. Il faut patienter...

Voilà, ça y est, tout s'accélère ! C'est une explosion incroyable, dantesque, terrible, hallucinante, démesurée !

Le monde est mort. Tout s'arrête.

Mais la vie est trop forte, et elle revient.

Les cadres se brisent, les rayons se disloquent, les fourches s'effondrent, les potences se rompent. Toute cette ferraille se fracasse sur les coureurs. Dans ce méli-mélo de chair et d'acier, les cadres frappent les tibias, les têtes, les épaules. Les doigts se prennent dans les rayons. Les fourches cognent les mollets, les chevilles. Les potences broient les nez et les pommettes, les articulations se tordent, les cartilages implosent, le verni des peaux s'embrase, alors...

Alors Thierry Adam, sur sa moto, a signifié à Laurent Jalabert et Alexandre Pasteur en cabine qui venait de dire : « Chute ! Oh la la, grosse chute ! » qu'Axel Domont était au sol, trois mètres à droite du visage médusé et du gros ventre nu d'un spectateur devant son camping car, à l'ombre du soleil de juillet, par la grâce de son auvent déjà tiré.

Juste avant, l'écran indiquait l'arrivée à 5,1 kilomètres, un retard de trente-neuf secondes sur les échappés et une vitesse de cinquante-quatre kilomètres/heure.

Un médecin a accouru auprès d'Axel. Il l'a allongé au sol alors qu'Axel, par réflexe, s'était assis. Axel a tout de suite compris que c'était grave. Son corps, s'il l'observe dans le miroir, ou s'il y passe sa main ouverte, c'est le vieil arbre et les initiales gravées au canif sur le tronc par deux amoureux, pour se souvenir. Sauf que le corps d'Axel ne dit rien de l'amour mais raconte une histoire de la souffrance. Ici, les clavicules déformées par les broches. Là, la boursouflure du tibia gauche fracturé à dix-sept ans. Sur le côté de la cuisse droite, l'épiderme grêlé par le bitume brûleur de peau. Et le dos traumatisé tant de fois, l'impossibilité de se tourner sur soi-même, dans son lit, les côtes fêlées, le bassin déplacé, les omoplates qui compriment des nerfs froissés en révélant des douleurs si perverses qu'elles en deviendraient sublimes. Axel sait tout ça. Il l'a vécu si souvent. Le corps fracassé. Il comprend tout.

Les chutes font partie du métier du cycliste, comme les échardes dans les doigts pour les menuisiers et les pavés dans la tronche pour les CRS. Mais ça continue de faire mal, on vit avec puisqu'il faut bien, mais on ne s'y habitue jamais.

Le médecin lui a fait faire des mouvements d'épaule et lui aussi a compris que pour ce coureur-là, le Tour de France s'arrêtait à 5,1 kilomètres de l'arrivée, avec un retard de trente-neuf secondes sur les échappés et à une vitesse de cinquante-quatre kilomètres/heure.

Les lunettes d'Axel étaient aussi au sol, brisées. Je ne sais pas si quelqu'un les a ramassées.

Il est 22 heures ce même jour. Axel n'est pas encore douché. Son cuissard est collé à sa peau sous l'effet du sang qui a coagulé. Il sent la transpiration et les sels minéraux perdus pendant les 189,9 kilomètres qu'il a effectués dans le peloton. Axel patiente dans l'ambiance morne d'un hôpital de province, attend les résultats du scanner, même s'il n'a aucun doute sur ce qu'on va lui dire.

Axel a du temps, ce qui ne devrait pas avoir lieu dans l'empressement constant qu'est le mois de juillet pour un cycliste. Du coup, en plus de patienter, Axel pense.

Il pense à ce qu'est l'aventure – c'est comme ça qu'il l'appelle, l'aventure – qu'est un grand tour. Les trois semaines de course, les jours qui précèdent passés avec les autres et le lendemain de l'arrivée aussi, et les stages de préparation en Sierra Nevada, isolés de tout, isolés de tous, sauf des coureurs de la sélection. Ça crée des liens, fatalement.

– Après une chute comme celle-là, tu crois qu'il pense quoi Romain Bardet ? Mince, j'ai perdu un équipier ou mince, j'ai perdu un pote ?

– J'imagine qu'il pense les deux...

– Et alors qu'est-ce qui l'embête le plus ?

– Ça, faudrait lui demander, mais je pense que c'est de savoir que son pote s'est fait mal. Qu'il s'est broyé.

Il est toujours 22 heures, peut-être un tout petit peu plus. Et Axel arrête de patienter, il arrête de penser. Car le voilà qui entre, dans sa chambre maintenant, Romain. Qui a mis le Tour de France entre parenthèses. Qui a fait une longue route alors qu'il devrait dormir en prévision de l'étape du lendemain et de celles d'après. Qui est venu voir son pote. Celui qui s'est broyé. Qui est venu pour soulager sa peine. Un peu.

« Il m'a aidé à me redresser, on a parlé avec le médecin et j'ai vu dans le regard de Romain, dans sa manière d'être, qu'il avait du chagrin pour moi. Ça m'a beaucoup touché, ouais, je te le cache pas. Et puis d'autres gens aussi sont venus me voir : l'attaché de presse, je sais pas si tu as eu affaire à lui ? Yves Perret. Il est venu me voir le lendemain matin. Moi, j'étais là, comme une merde dans mon lit, je ne pouvais rien faire. Toc toc toc, je me dis bah, c'est une infirmière... Et puis là, je le vois, Yves Perret, et puis de le voir eh bien j'ai fondu en larmes. J'ai vu qu'il en avait gros sur la patate de rentrer dans la chambre, c'était vraiment bouleversant. Il a demandé : "Ça va Axel ?" et moi je me suis mis à pleurer encore plus fort, à gros sanglots, comme un gamin, tu vois. Du coup, bah, il a pleuré aussi et il est reparti. Comme ça, il est rentré dans la chambre, on a commencé à pleurer et il est ressorti. Sur le moment, ça m'a soulagé qu'il parte, tu vois t'as ta dignité, tu fais le bonhomme tu sais, je vais à la chasse et tout, je bouffe du pâté et tout le tralala ! Mais j'ai vu qu'il était là, qu'il pensait à moi et ça m'a fait plaisir. Humainement, c'était un beau moment. En fait, on peut trouver de la beauté partout. »

19.

GRAND FRÈRE, JIMMY, TANGUY, VÉLODROME ET CŒUR BOITANT.

Je n'ai pas de grand frère et il y a peu de chances que ça change. Je crois que c'est la seule chose qui me manque. C'est important un grand frère, j'en suis sûr. Ça fait que j'ai une passion pour eux, et dans le vélo c'est parfait car il y a toujours une histoire de frère quelque part, c'est un sport de fratrie, les Jalabert, les Schleck, les Madiot, les Bobet, les Chavanel, ils marchent souvent par paire, mais il y en a, plus rares, qui parviennent à se la jouer en triplette.

On m'a dit, il n'y a pas longtemps : « Si tu ne connais pas les Turgis, c'est que tu n'es pas dans le vélo. » C'est bien la preuve que je suis dans le vélo car je les connais, enfin surtout un, celui avec son sourire espiègle, pareil qu'un mioche, le plus âgé des trois, le grand frère, Jimmy.

Et voilà, c'est toujours pareil, à chaque fois que je dis son prénom ou que je l'écris, j'ai envie de faire un jeu de mots avec la chanson de Michel Berger *La légende de Jimmy*. Plutôt la version de Diane Tell tant qu'à faire, et il faut que je me fasse violence, je vous assure, pour m'en empêcher. Si je le fais tout de même, je promets qu'en gage, je n'irai plus au cinéma.

Jimmy c'est le genre de garçon que les autres détestent et ils ont bien raison. Le premier partout, en maths, en biologie, en français, en histoire-géo, on se dit qu'il va en laisser un peu aux camarades, au moins en EPS, tu parles, il met la tannée à tout le monde en sport. Il n'y a qu'au foot qu'on peut lui régler son compte, mais pour donner le change il va dans les buts. Et le pire avec ça, c'est qu'il est sympa, pas moyen de lui en vouloir. À la limite on peut se moquer de son bronzage de cycliste, mais ce n'est pas très original.

En plus d'être le premier partout, arrivé à l'université, en STAPS, son statut de sportif de haut niveau lui permettait d'être absent de certains cours et on le voyait un peu avant les partiels galoper aux quatre coins de la fac pour récupérer les polycopiés des TD de « physio » ou de « bio-méca » et s'en sortir avec des meilleures notes que les élèves assidus ! C'est même comme ça, en pompant les cours des camarades, qu'il a rencontré sa copine devenue depuis son épouse. Elle a fait de lui un père avec l'arrivée, il n'y a pas longtemps, de la petite Romane. Vraiment, il n'y a pas de justice.

Jimmy est fou de vélo, ce sport qui occupe sa vie depuis la maternelle et celle de ses parents depuis bien avant sa naissance puisque Valérie et Rémy se sont rencontrés en course. Il paraît que les chiens ne font pas des chats et les cyclistes rarement des rugbymans.

Le premier vélo de Jimmy était vert, tubes en acier, guidon arrondi, des vitesses au cadre, seulement trois, mais pour Jimmy c'était sensationnel de les avoir. Il roulait avec sa bicyclette aussi bien dans les chemins que sur le bitume. Ça, il en a pris des gamelles.

Après, c'est Anthony, le cadet, qui a hérité du vélo, qui a fait les mêmes tours, emprunté les mêmes chemins et pris les mêmes gamelles. Le petit dernier, Tanguy, avait une revendication nouvelle, lui ne voulait pas du vieux vélo de ses frères. Il en voulait un neuf ! Comme c'était le dernier on a accepté de bon cœur de lui offrir, et comme c'était le dernier on a simplement repeint en cachette le vélo en bleu foncé, on y a ajouté quelques étoiles. Le petit dernier n'y a vu que du feu. Beau comme un ange sur son vélo neuf falsifié.

Jimmy est donc devenu cycliste, dans un parcours de carrière assez classique, les études universitaires et le master en plus. Il s'amuse en précisant qu'il n'a jamais travaillé de sa vie, qu'il n'a jamais eu une fiche de paye qui ne venait pas d'une équipe de vélo. Je crois que ce parcours universitaire lui donne un avantage sur beaucoup d'équipiers, ce rôle qu'il a occupé chez Roubaix-Lille Métropole d'abord, chez Vital Concept-B&B Hotel aujourd'hui, et chez Cofidis pendant deux ans.

Il a une vision analytique de la course qui lui permet de faciliter le travail de ses leaders, d'anticiper les difficultés, ou au contraire de prévoir les moments plus favorables pour mettre les adversaires en échec. D'ailleurs, Jérôme Pineau, désormais son manager chez Vital Concept-B&B Hotel, ne s'y est pas trompé. Il dit que le cursus universitaire c'est une chose et que celui de Jimmy a été brillant, seulement il y a des gens bardés de diplômes qui sont cons comme des balais, mais pas Jimmy. Il y a chez lui une passion de la transmission, son plaisir et sa force c'est de partager ce qu'il sait, ce qu'il a compris surtout, ce qu'il apprend chaque jour, avec les autres. Et Jimmy est content du rôle nouveau qu'on lui offre, « un entraîneur sur un vélo, y a quand même rien de mieux » dit encore Jérôme Pineau de lui, et Jimmy va transmettre, on va même le payer pour ça. Il est heureux qu'on ne le considère plus seulement comme un dossard.

La fin de son aventure chez Cofidis, c'est vrai, a laissé un goût amer à Jimmy. Son éviction de la sélection pour la Vuelta bien entendu, et surtout le dernier coup de fil où on lui a reproché son manque d'investissement – « on peut tout dire de moi, mais pas ça » – et même la date de son opération pour soigner son artère iliaque prévue au mois de septembre, alors qu'on lui avait affirmé que son programme de course était fini.

« Quand tu t'es donné comme je l'ai fait pendant deux ans, il y a des mots qui ne passent pas. Je peux comprendre qu'on ne donne pas la priorité à un coureur qui quittera l'équipe en fin de saison et qu'on favorise des coureurs encore sous contrat pour des grands tours, pas de problème. C'est le jeu. Seulement là, ça n'a pas de sens, je m'y étais préparé à cette Vuelta avec un stage en altitude que j'ai payé de ma poche, avec un programme d'entraînement dédié, et pourtant on m'annonce que finalement je n'y vais pas. Ça me pénalise, ok ce n'est pas grave, mais le problème c'est que ça pénalise l'équipe en la rendant moins compétitive au prétexte de me “punir”... Parfois, dans le vélo, il y a des vieilles habitudes qui sont dures à changer » dit Jimmy, et il raconte ensuite la fois où on lui a refusé un bidon très frais comme il l'avait demandé car il connaissait l'avantage de le consommer ainsi, presque glacé, pour la réhydratation par grande chaleur, et qu'on le lui avait donné tiède au motif qu'« on a toujours fait comme ça ».Voilà pour la partie moins marrante du travail.

Mais il retrouve le sourire en évoquant le SMS que lui a envoyé Nacer Bouhanni en regrettant son exclusion de l'équipe pour la Vuelta et en lui souhaitant une belle suite de carrière. Car Nacer appréciait de courir avec Jimmy, alors même qu'il ne faisait pas partie du « train final » et que son travail s'achevait souvent vingt ou vingt-cinq kilomètres avant l'arrivée, car il lui facilitait la tâche en anticipant toutes les difficultés.

Et le sourire de Jimmy est plus franc encore quand il commence à parler de ses petits frères. Anthony donc, avec lequel il courait depuis deux ans chez Cofidis, et Tanguy qu'il allait rejoindre chez Vital Concept-B&B Hotel. « Mes frères sont plus forts que moi, c'est ce que je pense. J'ai un peu essuyé les plâtres et ils ont une maturité physique et une force mentale meilleures que ce que j'avais à leur âge » qu'il me dit, pas loin de la place des grands hommes, à Paris, en été.

Comme Axel Domont et Perrig Quéméneur, lui aussi a souvent entendu les interrogations des gens sur son métier, s'il faisait le Tour de France, et revenir comme une comptine la lancinante question de son classement à la fin de chaque course. « Qu'est-ce que tu veux que je leur réponde, que j'ai fait cent-treizième parce que je me suis relevé à vingt bornes une fois mon boulot terminé ? Ou alors il faut que je leur raconte le vent que j'ai pris pleine balle toute la journée, les bidons que j'ai remontés, les cassures que j'ai bouchées... Mais je ne sais pas si ça intéresse le grand public, c'est un boulot de soutier et c'est le mien. C'est un beau métier, dont je suis fier. Cela dit, je suis comme tout le monde, moi aussi j'adore les grands champions, leurs exploits. Tu vois la victoire à l'Alpe d'Huez de Pierre Rolland dont on parlait tout à l'heure, c'est mythique pour moi aussi, et savoir que je vais courir avec lui désormais, c'est quelque chose d'important. Ce qui fait que je comprends les gens au bord de la route qui encouragent plus fort un Alaphilippe qu'un Turgis. Lever les bras en haut d'un col ou remporter un sprint à soixante-dix kilomètres/heure, c'est bien plus spectaculaire que d'abriter un leader du vent ou de lui filer un gel. Il y a aussi toutes ces petites choses qu'on ne voit pas, comme les indications qu'on va donner aux copains, la tactique de course, c'est impalpable et pas télévisuel. Mais même si je ne gagne pas, je vis de grands moments. »

Et Jimmy de décrire cette fois, aux Boucles de la Mayenne, où il avait emmené le peloton, tout seul, pendant cent quarante kilomètres, en maintenant sans faiblir les échappés à deux minutes, et la quinzaine de coureurs qui étaient venus le trouver le lendemain, dont Mathieu van der Poel, le vainqueur final, à qui il n'avait jamais parlé. Tous l'avaient félicité de sa performance athlétique et de son courage.

Des gars comme Perrig et Jimmy, s'ils ne gagnent pas beaucoup aujourd'hui, c'est aussi parce qu'ils ne sont pas nés à la bonne époque. Non pas que c'était plus facile avant, certainement pas, mais leur avantage comparatif, c'est l'endurance.

Cet avantage a été mis à mal par de nouvelles stratégies, parmi lesquelles la volonté de nombreuses équipes de voir les courses se terminer au sprint. C'est une question de probabilité : avec un des dix meilleurs sprinteurs au monde au sein de l'équipe, les chances de victoire sont plus importantes qu'en envoyant à l'avant des coureurs forts et endurants, ceux qu'on appelait avant les baroudeurs, parmi d'autres coureurs forts et endurants.

La perversité de ces nouveaux scénarios de courses, c'est qu'aujourd'hui on a rapatrié dans le peloton, et enfermé à double tour, ces baroudeurs, pour qu'ils roulent et rattrapent à quelques kilomètres de la ligne les hommes comme eux. Ils scient la tige de la selle en cuir sur laquelle ils sont assis. Mais c'est comme ça, et il est possible qu'un jour on revienne à des courses plus débridées, et alors ce seront les sprinteurs qui regretteront de ne pas être nés à la bonne époque.

Jimmy attend la question de son meilleur souvenir à vélo, car on la pose tout le temps, à l'image de celle qu'on prononce quand quelqu'un est revenu d'un long voyage :

« Alors, c'était comment ? » pour qu'en quelques phrases on ait le sentiment d'avoir été un peu avec lui. Comme si des mots pouvaient embrasser des milliers de kilomètres et donner la conscience plus ou moins claire de ce qu'est la vie d'un de ces garçons à bicyclette.

Jimmy a sa réponse déjà prête car ce souvenir c'est l'évidence, l'acmé de sa carrière, et je crois que même s'il gagne un jour une course prestigieuse, jamais il ne vivra plus grand moment que celui qu'il a vécu le 8 avril 2018. Avec un de ses frères, le plus petit, celui qui se fait appeler « Mini Turgis » sur les réseaux sociaux. Tanguy. Dix-neuf ans.

Le voici :

Le leader désigné de la Cofidis au départ de la course ce matin-là était Christophe Laporte. Il était accompagné de Kenneth Vanbilsen, Cyril Lemoine, Jimmy, Hugo Hofstetter, Bert Van Lerberghe et Geoffrey Soupe. Il faut dire où ils allaient tous comme ça : direction le vélodrome de Roubaix pour écrire eux aussi, comme Jimmy, leur légende, car dans Paris-Roubaix, dès l'arrivée des premiers secteurs pavés, c'est un peu chacun pour soi.

Sur le parking, pas loin, se trouvait le camion noir et « glaz » (c'est la couleur de la mer en Bretagne, il paraît) d'une équipe concurrente, Vital Concept, et à l'intérieur Tanguy Turgis allait devenir le plus jeune coureur à finir Paris-Roubaix depuis 1939 et on lui en parlerait longtemps.

La course est partie de Compiègne comme d'habitude, et comme d'habitude aussi, ça a été une belle pagaille, avec les chutes qui ont brisé le peloton au milieu des oriflammes et des cris des spectateurs. On ne comptait plus les roues pliées en huit, les cadres brisés, les entailles et les meurtrissures.

Jimmy n'est pas tombé mais a été retardé. Course terminée à peine passée la trouée d'Arenberg. Ça vaut bien le coup de gâcher un dimanche pour ça.

Loin des premiers, Jimmy ne se sentait même pas fatigué, ce qui l'a frustré encore davantage. Alors il a quitté le petit peloton dans lequel il se trouvait en attaquant! Comme s'il voulait s'échapper. Les autres ont dû penser qu'il était pas trop net, et que les dix minutes de retard qu'il devait avoir sur Sagan à ce moment, il n'y avait aucune chance qu'il les comble. Mais Jimmy n'a pas attaqué pour ça. Il a attaqué simplement parce qu'il est fou de vélo, fou de son métier, et que la moindre des choses quand on a le privilège de participer à l'une des plus belles courses du monde, c'est de tout donner. Pour ne pas gâcher son dimanche, pour que ce ne soit pas un jour qui ne serve à rien.

Jimmy a remonté des dizaines de coureurs qui ne pensaient pas comme ça. Il les a déposés comme Anthony le déposera, lui, en juillet. Ce 1er juillet 2018, au championnat de France, où, échappé à dix kilomètres de l'arrivée avec Rudy Molard et Johan Le Bon, Jimmy a vu un gars en rouge, de son équipe, déboîter et le doubler « en injection » avec une puissance et une facilité incroyables. Son petit frère! Il était fier de son cadet, ça oui, et il a pensé que la course était pliée, qu'Anthony avec des jambes comme celles-là allait être champion de France, ce n'était pas possible autrement. Quelle joie ça aurait été.

Anthony a fini deuxième, battu au sprint par Anthony Roux, et de rage et de déception il a tapé de toutes ses forces sur le haut de son guidon. Ce n'est pas facile d'accepter la cruauté du cyclisme et ce sont toujours les guidons qui prennent en premier.

En même temps qu'il rattrapait des coureurs, Jimmy respirait des tonnes de poussière, puisque la boue semble ne plus s'intéresser à Paris-Roubaix depuis le début du XXIe siècle, mais le spectacle n'en est pas moins grandiose.

Jimmy a enroulé les pavés comme il enroule les bosses des cyclo-cross qu'il adore et, tout à coup, alors qu'il relevait le nez, il l'a vue dans un groupe d'attardés, cette allure qu'il connaît si bien, celle de son petit frère. Tanguy. Dix-neuf ans. C'est comme s'il l'avait rattrapé sur son petit vélo bleu foncé, pailleté d'étoiles, celui qu'il pensait tout neuf.

Jimmy a continué de rouler comme une brute, il a dit à son petit frère : « Il y a un gros peloton derrière. » Rien de plus, parce que les mots sont précieux et qu'il ne faut pas les gaspiller. Ça a suffi à Tanguy qui a pris la roue de son grand frère et ils ont roulé le plus vite possible comme ils le font à l'entraînement, sans rien dire, en laissant la parole à leurs jambes et à leur volonté.

Ils sont entrés dans Roubaix. Ils ont tourné à droite, sous la flamme rouge, en abandonnant derrière eux le dernier secteur pavé, trois cents mètres à peine, presque rien. Ils ont pris la longue courbe et ils sont entrés ensemble. Les frères.

Valérie et Rémy, debout tout à coup dans les gradins, ont été éblouis par la beauté de leurs enfants, seuls au monde, qui déboulaient dans le vélodrome, l'aîné ouvrait la route comme font toujours les grands frères : pour montrer le chemin. Et comme font les grands frères qui laissent gagner les petits à chat, ou avoir la fève au moment de la galette des rois, il a laissé Tanguy le doubler et franchir la ligne quelques centimètres devant lui. C'est ça, la grandeur. Et ensemble ils se sont écroulés sur l'herbe verte de Roubaix.

Un pendentif couleur or, en forme de vélo, se balançait au cou de Tanguy qui répondait aux journalistes avec facilité, admiré par Jimmy. Il avait terminé Paris-Roubaix, le plus jeune à réussir cet exploit depuis 1939. Même pas vingt ans, Tanguy. Avec son grand frère pour lui montrer le chemin. On lui en parlera longtemps.

Il y a ces trois phrases écrites par Marcel Pagnol qui m'obsèdent depuis des années, les voici : « *Telle est la vie des hommes. Quelques joies, très vite effacées par d'inoubliables chagrins. Il n'est pas nécessaire de le dire aux enfants.* »

Et ces trois phrases m'obsèdent encore davantage depuis que je connais Jimmy, depuis que l'on sait que jamais plus il ne revivra ce qu'il a vécu avec son petit frère. Que c'est terminé. Le chagrin c'est l'achèvement, le fait qu'on ait conscience que quelque chose a changé, qu'on n'y peut rien.

Je suis bien d'accord sur le fait qu'on ne doit pas tout dire aux enfants et en cela je suis un adepte, presque un acharné, du pieux mensonge. Pour le reste, je veux que Marcel Pagnol ait tort. C'est la joie qui efface les chagrins, pas l'inverse.

Quelques mois après l'épisode de Roubaix, c'est pourtant le chagrin qui est entré chez les Turgis. Qui a bouleversé la famille. Qui a effacé la joie, pour un temps au moins. Qui a fait que Jimmy sait qu'il ne vivra jamais plus beau moment que celui où il a déboulé dans le vélodrome, son petit frère dans la roue.

C'était le 27 septembre 2018, en Belgique. Tanguy participait à une de ces modestes courses de fin de saison à l'arrivée desquelles on a le sentiment agréable du travail bien fait.

Tanguy menait le peloton quand il a senti que quelque chose n'allait pas. Il a regardé sur son compteur, ses watts et ses pulsations cardiaques pas plus élevés que ça mais en totale contradiction avec les difficultés immenses qu'il éprouvait. Il n'a pas eu d'autre choix que de s'écarter et même, il se sentait si mal qu'il a dû s'arrêter et mettre pied à terre, il a mis sa tête dans ses mains rassemblées en coupe. Un de ses coéquipiers, Julien Morice, est arrivé, lui a demandé si ça allait et Tanguy a répondu que non, ça n'allait pas, il lui a demandé de tenir son vélo et il s'est allongé au sol. Quelques minutes plus tard, l'ambulance est apparue et s'est arrêtée près de Tanguy, le cardiofréquencemètre continuait d'afficher cent quatre-vingts pulsations, c'était encore beaucoup, mais surtout, un de ses ventricules était en tachycardie et ce n'est pas décelable avec ce genre d'appareils. Personne n'en savait rien.

On a conduit Tanguy à l'hôpital, ses parents et ses frères ont été prévenus.

Là-bas, l'état de Tanguy s'est amélioré, son cœur s'est calmé. On a pensé un moment que ce n'était qu'un malaise, qu'on trouverait bien un moyen de le traiter, mais lors du test à l'effort trois jours plus tard, le cœur de Tanguy a de nouveau dit stop, il a de nouveau dit qu'il ne ferait plus d'efforts, en tout cas plus jamais les mêmes que ceux qu'on lui avait imposés jusque-là. Que Tanguy ne serait plus coureur.

L'espoir qu'ils avaient eu les jours d'avant s'est envolé. « Ça a été un gros coup dur pour toute la famille, dit Jimmy. Je venais de me faire opérer de l'artère iliaque, on enchaînait des mauvaises passes. Bien sûr, pour papa et maman c'est encore très dur aujourd'hui de voir leur petit qui doit arrêter le vélo. Pour moi aussi ça a été très difficile, 95 % de mon temps de cycliste c'était avec Tanguy, si je partais rouler c'était avec lui, c'est moi qui lui préparais ses plans d'entraînement. Une grande partie de ma relation avec le vélo passait par Tanguy. C'est unique de vivre ça. Et puis surtout, sans parler vélo, Tanguy c'est le petit, le petit dernier, celui que t'as envie de protéger. » Et ses mots au moment où il les dit résonnent particulièrement en moi et me bouleversent car je sais ce que c'est que la peur qu'on éprouve pour le cœur boitant d'un autre, mais je ne le dis pas à Jimmy qui continue : « Si je suis venu courir chez Jérôme, c'est parce que le rôle et le projet qu'on me propose sont géniaux bien sûr, mais aussi en grande partie parce qu'il y avait Tanguy. J'avais couru dans l'équipe d'Anthony, là j'avais la possibilité de courir avec Tanguy, c'était un nouveau rêve qui se réalisait… C'est pas drôle de se réveiller d'un joli rêve. »

Voilà pour les larmes.

Mais Tanguy a décidé de ne pas se laisser faire. Et même si c'est davantage une caractéristique du basket que du cyclisme, eh bien il va rebondir. Et ses frères vont l'aider, et ses parents vont l'aider. Et son équipe va l'aider. Car s'il n'est plus coureur, Tanguy reste cycliste. Il a ça en lui, il n'a pas le choix, il ne faut jamais oublier que Valérie et Rémy se sont rencontrés en course. Alors, à peine vingt ans et il prend une autre route mais toujours à bicyclette. Il a démarré des formations pour devenir directeur sportif et entraîneur. On n'a pas de doute sur le fait qu'il va s'y employer comme il s'employait sur sa bécane. Il va également se lancer avec un peu d'avance dans un projet auquel il pense depuis longtemps : la détection de jeunes talents, un poste de scout comme ça existe depuis des décennies dans le football.

Ces jeunes, après les avoir repérés, il les révélera, il les lancera dans la carrière, il leur racontera la fois, en avril 2018, où il est rentré dans le vélodrome de Roubaix, dans la roue de Jimmy, et ils auront des étoiles plein les yeux à l'entendre, et ils voudront vivre au moins une fois dans leur vie pareil moment, et alors c'est lui, Tanguy, qui d'une certaine façon deviendra leur grand frère.

20.

ARMENTIÈRES, GEOFFREY, CADEAU, GANTS DE PLONGÉE ET D'APLOMB.

Elles sont deux et pèsent environ cinq grammes chacune. Sans elles, pas de vagues, pas de coup de casque à l'épaule, pas de développement de puissance au-dessus des mille deux cents watts, ni de maillot vert. Et Laurent Jalabert ne serait jamais tombé à Armentières et le flic, avec son appareil photo pendu à son cou, n'aurait pas valdingué comme un vulgaire pantin.

Elles, ce sont les glandes surrénales, celles qui produisent l'adrénaline. Sous l'effet de cette production, le cœur accélère, ses battements se font plus puissants, la pression artérielle augmente, les bronches se dilatent, le cerveau et les muscles sont davantage oxygénés, la conscience de la présence au monde du sujet est plus grande.

Pour la plupart des gens, la surproduction d'adrénaline est désagréable, elle renvoie à un état physique et surtout psychologique lié au stress. Pour d'autres, elle est comme une drogue et engendre parfois des comportements addictifs et dangereux dont les base-jumpers sont pour beaucoup, à tort ou à raison je n'en sais rien, l'éclatant symbole.

Les sprinteurs, comme les autres coureurs du peloton, cherchent une gratification dans le fait de gagner. Cette gratification, du point de vue hormonal, c'est la production de dopamine ou d'endorphine, mais eux y ajoutent l'adrénaline. C'est ce cocktail qui fait toute la différence, ce pour quoi ils prennent des risques énormes en se frottant les uns aux autres à plus de soixante kilomètres/heure, pour lever les bras trois secondes à peine, comme si la possibilité d'une chute n'existait pas.

Les sprints se sont rationalisés avec le perfectionnement des « trains » sous l'impulsion de Mario Cipollini. Je me souviens de lui dans la roue de ses équipiers lancés à pleine vitesse, et de leurs grosses lunettes bleues qui leur donnaient à tous des allures d'énormes mouches.

Le but premier de ces trains était d'empêcher les adversaires de partir au dernier kilomètre et de griller ainsi la politesse aux purs sprinteurs. Puis, on s'est rendu compte qu'en plus de maintenir la concurrence dans le peloton ou de la rattraper, ces trains avaient l'avantage d'empêcher les coureurs de remonter la file ou de se mettre dans la roue du leader. Ça a été une révolution et beaucoup d'équipes ont voulu reproduire le schéma.

Aujourd'hui, les trains mastodontes de huit ou neuf coureurs se font tout de même plus rares. On privilégie des unités moins lourdes de trois ou quatre équipiers, histoire de ne pas mettre tous ses œufs dans les mêmes mollets.

En revanche, ce qui ne change pas, c'est la confiance que doit avoir le leader, la tête dans le guidon, les yeux rivés sur la roue de devant et rien d'autre, quand il est remonté, placé, protégé, puis lancé par ses gars. Au sein du groupe, autour du sprinteur, il y a une hiérarchie qui s'installe et être le dernier lanceur est ce qu'il y a de plus prestigieux. Parce que le dernier lanceur est celui qui dépose le sprinteur comme on dépose un cadeau.

La relation tissée entre le dernier lanceur et le sprinteur est essentielle, presque unique. C'est pour cela que de véritables duos se sont créés tels que Mark Cavendish avec Mark Renshaw, André Greipel avec Marcel Sieberg. En France, on a Nacer Bouhanni et Geoffrey Soupe.

Quand je disais à des coureurs que j'allais rencontrer Geoffrey Soupe, c'était toujours la même chose, on me répondait d'abord que c'était : « le plus fort », « un monstre athlétique », « un mec qui aurait dû en gagner des dizaines » et puis ensuite : « un garçon discret », « timide », « pas facile à cerner ». J'ai regardé des images de lui, vu des photos, analysé des vidéos et c'est vrai que son gabarit me paraissait très impressionnant, son caractère je l'ignorais bien entendu. Mais quand on me demandera maintenant comment est Geoffrey Soupe, je dirai qu'il est comme à la télé, avec une barbe épanouie. Et j'ajouterai que c'est un mec bien.

Quand je l'ai rencontré, pas très loin de chez lui, à Bourg-en-Bresse, j'ai été étonné de la finesse de son corps et j'ai compris que s'il paraissait si « musculeux », c'est qu'il évolue dans un monde, le cyclisme, où la légèreté est la norme, où chaque muscle compte. Il ne faut pas en avoir trop pour ne pas consommer d'oxygène inutilement. Et Geoffrey, dans le peloton, c'est un peu Gulliver chez les Lilliputiens, mais dans le monde normal son physique ne détonne pas, et il suffit qu'il aille faire un tour avec les joueurs de rugby de Bourg-en-Bresse pour voir Gulliver à Brobdingnag, chez les géants.

Le père de Geoffrey était pompier de Paris, gymnaste reconnu et passionné de vélo. Soit c'est cette influence du père, soit c'est une incroyable coïncidence qui fait que Geoffrey a commencé la gymnastique à cinq ans et le vélo à sept ans. Geoffrey l'admet : « C'est mon père qui m'a entraîné là-dedans, mais il ne m'a jamais poussé. » Geoffrey a essayé les sports collectifs pour voir, mais il trouvait que sa propre performance dépendait trop de celle des autres. Il a abandonné la gymnastique à treize ans dans le but de se consacrer uniquement au vélo et pour gagner beaucoup de courses, c'est ce qu'il a fait. Il est passé professionnel chez FDJ en même temps que Nacer Bouhanni, en 2011.

Comme Pierre Rolland, Geoffrey a gagné la première course à laquelle il a participé en tant que coureur professionnel, c'était aussi au Gabon, c'était aussi la Tropicale Amissa Bongo. Nacer a gagné, pour la première fois également, le surlendemain.

Dès lors, on aurait pu croire que le chemin de Geoffrey était tout tracé et qu'il s'orientait vers une carrière de leader. Mais le chemin de Geoffrey était mal balisé et finalement il s'est perdu. Malgré ses performances, quelques mois de professionnalisme ont suffi à le dégoûter du vélo, à tel point qu'il commençait à penser qu'il aurait préféré aller travailler à la chaîne dans une usine que de continuer le métier de cycliste. Lui qui avait rêvé gamin d'être professionnel comme les coureurs du Tour de France qu'il admirait, même s'il le cachait, il a peut-être été déçu de la réalité d'un monde qu'il avait fantasmé.

Pour continuer, il lui a fallu se remettre en question. Il a profité de l'hiver pour cela. Il a interrogé ses rêves, évalué ses compétences, questionné son désir. C'est à partir de là qu'il a trouvé sa place dans le peloton, en déconstruisant l'image contrefaite qu'il avait des coureurs cyclistes. Il a tissé un lien particulier avec Nacer Bouhanni et aussi avec d'autres coureurs comme Sandy Casar, qu'il appelait « papa » pour rire. Ça lui a évité de se laisser bouffer par des coureurs qui ne voulaient pas son bien en le plaçant mal, en profitant de son travail, de sa jeunesse et de sa gentillesse.

« J'ai voulu remettre les pendules à l'heure dès le début de la saison suivante, et j'ai travaillé comme un dingue. L'équipe a voulu me tester sur un grand tour, le Giro. Première étape, je fais trois, derrière Cavendish et Matthew Goss. Même si je n'ai pas gagné, ça a été un gros déclic, ma première vraie performance au niveau World Tour. Sur le coup, je ne m'en suis pas vraiment rendu compte. Mais il y a un avant et un après. »

Si la psychologie est une chose importante chez les sprinteurs, la physiologie ne l'est pas moins. Geoffrey a toujours été hyper tonique, son enfance de gymnaste y est sans doute pour beaucoup, les fibres rapides qui font ses muscles, son explosivité, lui donnent un avantage déterminant dans le rôle de lanceur qu'il occupe depuis des années.

Les lanceurs des sprinteurs sont, parmi les coureurs cyclistes, ceux qui sont les plus proches de la victoire sans jamais y accéder, au contraire des équipiers de grimpeurs par exemple qui souvent cèdent la place au leader à plusieurs kilomètres de l'arrivée. Et on les voit, les lanceurs, lever les bras en même temps que le vainqueur, mais trente mètres derrière.

J'interroge Geoffrey pour savoir s'il n'est pas frustré d'abandonner toute chance de victoire en se relevant cent cinquante mètres avant la ligne, seulement cent cinquante mètres... Il dit : « Je pense qu'il faut avoir les épaules pour être convaincu de pouvoir gagner, et jouer ce rôle-là. Si tu sens que tu ne les as pas, il faut être honnête envers soi-même. Pour ce qui me concerne, je sentais que j'avais une petite appréhension, un peu de stress, que j'avais du mal à gérer. Pas du tout une appréhension ou une angoisse liée à la vitesse ou à la dangerosité de l'exercice, mais davantage la peur de mal faire vis-à-vis du reste de l'équipe. Emmener, ça ok, car j'arrive beaucoup plus à donner pour quelqu'un que pour moi. Quand je cours pour moi, je vais moins avoir cette envie de bien faire. Par exemple, si j'ai ma carte et si je ne prends pas la bonne roue, je vais me dire "tant pis, c'est pas grave", alors que si je cours pour un autre, je vais me sublimer, je me sens responsable de lui. »

On parle donc de train pour évoquer le travail des équipiers des sprinteurs, mais l'image d'une fusée et des éléments qui s'en détachent jusqu'à la mise en orbite du module principal me semble plus juste. Et finalement cela vaut pour les grimpeurs, les puncheurs ou les sprinteurs.

Le schéma est toujours le même. Il est plus long et plus lissé pour les grimpeurs, plus ramassé pour les puncheurs et plus foudroyant pour les sprinteurs, mais fondamentalement il est le même. Cela s'explique par l'énergie nécessaire au déplacement de la masse.

Prenez vos cahiers du jour, vous inscrivez la date, vous la soulignez en rouge et vous notez :

Pour déplacer une masse et lui faire atteindre une certaine vitesse, il faut de l'énergie, ça vaut pour tout, que ce soit un vélo, une balle, ou une mamie avec son déambulateur. On mesure cette énergie en watts, comme pour les ampoules. Plus on consomme de watts sur un temps donné, plus l'énergie dépensée est importante.

La stratégie gagnante, pour une équipe, c'est qu'au moment jugé opportun le leader soit en mesure de déplacer sa masse plus vite que la masse de ses adversaires, et de gagner.

Pour cela, les équipiers vont déplacer leurs masses à eux – et vas-y que ça pédale – de façon à mettre le leader dans les meilleures dispositions pour empocher la victoire. Le déplacement de ces masses d'équipiers peut avoir pour but de rattraper une échappée (on appelle ça chasser), de fatiguer les concurrents (les équipiers adverses et les autres leaders, ce qu'Axel Domont expliquait avec ses relances pour fatiguer les adversaires de Romain Bardet), ou encore, spécialement dans le cas des sprinteurs, de lancer leur leader à une vitesse donnée pour empêcher les autres sprinteurs de le remonter et de le battre.

Ces déplacements partent du même endroit : le départ, et s'achèvent au même endroit : l'arrivée. Ils sont modifiés par l'environnement : sens et force du vent, topographie. Les coureurs face au vent, donc à l'avant du peloton, dépensent plus d'énergie que ceux qui y sont abrités.

On pourrait faire une expérience : si deux gars pissent face au vent en même temps, eh bien celui qui est abrité derrière l'autre devra pousser moins fort que celui qui l'abrite pour ne pas salir ses mocassins, cela dit il pissera sur le gars de devant et ça c'est quand même pas terrible.

C'est pour cela que la plupart du temps, les moyennes de puissance développées pendant la course par les équipiers (c'est surtout vrai dans les étapes de plaine) sont supérieures à celles des leaders, qui eux sont capables de développer davantage de puissance mais sur un laps de temps plus court. Ainsi, un équipier de sprinteur qui pèserait soixante-cinq kilos peut rouler cent cinquante bornes à trois cent vingt watts de moyenne face au vent mais ne peut pas développer mille trois cent cinquante watts pendant huit secondes pour gagner un sprint, et réciproquement. Le vélo aujourd'hui, c'est le taylorisme de la fin du XIXe siècle, c'est la spécialisation du travail. Je ne crois pas qu'un équipier soit ontologiquement inférieur à un leader. Il est simplement occupé à des tâches différentes.

Geoffrey est d'accord (ce qui m'arrange). Mais il ajoute que pour que la fusée aille loin, ce n'est pas seulement une question de watts. « Tu vois, si j'avais plus confiance, c'est sûr, j'y vais et boom ! Avec les capacités que j'ai, oui, je gagnerais des courses. Mais à la limite, ne pas gagner personnellement, ce n'est pas grave tant que j'arrive à m'épanouir dans mon travail de lanceur. Bien entendu, c'est un peu frustrant parfois et j'aurais aimé avoir ce caractère-là. Mais je ne l'ai pas. Moi aussi je rêve de Milan-San Remo... Tu regardes la télé gamin, tu vois le Tour, des étapes dantesques, tu vois Paris-Roubaix et tout, ce qui te fait rêver c'est le mec tout seul comme un guerrier qui gagne à la fin. Tu rêves de l'excellence de ton sport. Mais si tu ne l'atteins pas, il faut accepter de se ranger. Il faut se rendre compte de ce que c'est que la pression pour un leader. Quand ça marche, c'est facile, mais quand ça ne marche pas, ce n'est pas la même chose... Le gars a quand même trois ou quatre mecs hyper forts qui ont mis leurs ambitions personnelles de côté pour lui, qui se sont dévoués et quand ça gagne pas, tout le monde est un peu énervé. Faut être capable de supporter ça. Le vélo, c'est bien sûr une qualité de muscle, des qualités cardiovasculaires, mais c'est aussi une qualité de caractère. »

Je demande à Geoffrey s'il a peur parfois au moment du sprint. « Non, si j'ai peur c'est que je ne suis pas dans le sprint. Si je suis dans les quarante ou cinquante, dans le peloton, et que je n'arrive pas à remonter, c'est soit que je suis pas bien physiquement, soit que j'ai peur... Quand t'es dans le sprint, tu ne te rends pas compte de ce que tu fais, de la dangerosité. Tu as tellement d'adrénaline, d'envie, de concentration que c'est comme si quelque chose se débranchait dans le cerveau, tu passes dans des trous de souris, tu prends des trajectoires impossibles, c'est un feeling, tu découvres les virages au dernier moment, les îlots, c'est comme un instinct primaire, de survie ou quelque chose. C'est vraiment particulier et tout ce que tu vis sur si peu de temps, c'est aussi ce qui fait qu'à l'arrivée t'es un peu ailleurs, le retour à la réalité n'est pas toujours facile. C'est si chaud un sprint, ça frotte tellement, tu y laisses tellement de jus, tellement d'influx nerveux. »

Une fois qu'il s'est trouvé comme cycliste, Geoffrey dit qu'il a adoré courir pour la Française des jeux, sportivement et humainement c'était une belle expérience. Il se souvient du Tour Down Under et du temps passé avec Anthony Roux, et de s'être dit dans l'avion du retour qu'il avait rencontré quelqu'un de bien. Il a beaucoup aimé aussi la relation de Marc Madiot avec ses coureurs, le paternalisme bienveillant qu'il exerce sur eux.

Pourtant, il a quitté l'équipe. Nacer s'en allait pour rejoindre Cofidis et il a proposé à Geoffrey, qui était également en fin de contrat, de l'accompagner. « À ce moment-là, je considérais que j'étais à la fin de mon projet sportif à la Française, Nacer m'a apporté ce nouveau projet et j'ai dit oui. Ça me branchait. Ce qu'il faut aussi comprendre, c'est que lorsque j'ai eu mon gros passage à vide pendant ma première année, celui qui est resté à mes côtés, qui me soutenait, c'est Nacer. Et puis quand il devient champion de France en 2012 à Saint-Amand-les-Eaux, c'est moi qui l'emmène… On avait fait toute la journée sous la flotte, conditions catastrophiques, circuit spécial, un calvaire. Je me rappelle encore avoir lancé le sprint de Nacer avec mon chasuble ouvert, on caillait de froid toute la course mais j'avais pas pris le temps de le refermer ! C'était n'importe quoi. Lui avait encore ses gants de plongée Tribord, il gagne avec ses gants de plongée ! Champion de France, c'est une consécration, le maillot tricolore… On a passé une journée ensemble ensuite sur Paris. Après une victoire comme ça, tu te sens revivre, tu te sens plus fort. Je travaille beaucoup sur l'émotionnel et même si on court toujours de façon professionnelle, il y a des choses qui se passent qui font que tu vas te transcender pour un autre. Avec Nacer, les premières années que l'on a passées ensemble sont capitales, la confiance, la crédibilité, les placements qu'il m'a offerts, c'est précieux. Et puis Nacer sait être reconnaissant, percevoir mon travail, et moi j'ai besoin de cette relation de confiance, de cette relation juste, pour me sentir bien. J'ai du mal à avoir confiance en moi. C'est vrai aussi que ce n'est pas uniquement avec mon sprinteur, quand d'autres membres de l'équipe disent "Geoffrey c'est un mec bien", ça me touche car c'est ce que je veux dégager aux yeux des autres. Je n'ai pas envie qu'on me voie comme un mec froid, avec qui on ne discute pas trop, même si j'ai du mal parfois à aller vers les autres. »

La saison 2018 n'a pas été facile, me dit Geoffrey. Il a envie « de remettre tout d'équerre », envie que son équipe lui fasse de nouveau confiance, et il veut tout faire pour ça. Il dit que les choses viendront de lui, de sa préparation hivernale, des choix de courses qu'il proposera à sa direction sportive. Tout sera déterminant. Et Geoffrey assume sa part de responsabilité dans les résultats moins probants de Nacer en 2018. Geoffrey dit : « Ma baisse de performance ne l'a pas aidé. Il est fort, il sait se débrouiller, mais je n'ai pas été présent comme j'aurais dû l'être au niveau World Tour. On en a parlé avec Nacer, il comprend les choses. Maintenant, j'ai envie qu'on voie le "vrai Geoffrey", j'ai envie d'être décisif dans les phases de sprint sur de superbes courses comme Paris-Nice, le Dauphiné ou un grand tour. J'ai faim ! »

21.

INNSBRUCK, PETITE FEMELLE, RUDY, THIBAUT, ROMAIN, JULIAN ET BANCO.

Hier, je suis revenu d'Innsbruck. J'ai retrouvé mon épouse, je l'ai serrée fort dans mes bras. J'ai offert la peluche de l'organisation à ma petite fille et un tee-shirt de champion du monde à mon fils. Taille quatre ans, il est un peu juste. Depuis, c'est la grosse déprime. Mais on m'avait prévenu.

Ce n'est pas évident de vendre un livre à un éditeur, surtout s'il n'est pas encore écrit (je vais emprunter pendant deux ou trois chapitres les parenthèses de Philippe Jaenada dont je lis actuellement *La Petite femelle* (ce qu'il ne faut jamais faire évidemment, car lire quand on écrit c'est le meilleur moyen de pomper le style du collègue sans même s'en apercevoir) et je jure que s'il se plaint ou me reproche quoi que ce soit je lui offrirai une bouteille d'Oban qui est son whisky préféré il paraît (c'est qu'il n'a jamais goûté les whiskys de Michel Couvreur, le malheureux) sans compter que je viens de me rendre compte que, comme Philippe Jaenada, et c'est fou, j'ai écrit le mot « saucisse » dans chacun de mes livres alors que moi non plus je n'ai personne de ma famille dans le monde de la charcuterie ! J'ai bien des cousins porchers cela dit, je ne sais pas si ça compte.)

J'ai donc vendu le projet d'*Équipiers* sur pitch, c'est-à-dire que j'ai raconté une histoire à un éditeur, il s'appelle Bertrand Pirel, regardez dans les premières pages du livre, c'est indiqué « Ouvrage dirigé par Bertrand Pirel », c'est lui.

Ça a commencé en mars 2018. (Je me suis arrêté après ce point pour faire un mail de remerciement à Cyrille Guimard et la lecture aléatoire de Deezer vient de me balancer dans le casque Michel Sardou qui chante « Ne m'appelez plus jamais France » et voilà que j'ai des larmes plein les yeux en pensant à Rudy qui emmenait Thibaut, Romain et Julian dans la vieille ville d'Innsbruck, au pied de la dernière montée. Je n'aurai pas mis longtemps à pleurer. (J'ai fini mon mail et reprends le fil de l'histoire.))

Je suis allé voir mon fantastique ami et agent, le flamboyant Sébastien Wespiser (on dit Wespi) pendant le salon « Livre Paris » en mars 2018. Je lui ai expliqué mon idée maintenant que mon dernier roman était en librairie. J'avais une envie pour faire suite à une cuite trois ans et demi avant : celle d'écrire un livre sur les équipiers, les coureurs de l'ombre. Il a répondu du tac au tac : « Putain, c'est génial ! » (je l'ai aussi pris pour agent car il a toujours le mot juste). Je lui ai demandé s'il pensait qu'un éditeur pourrait être intéressé, il m'a fait : « Attends » et il est parti d'un pas décidé dans les travées du salon, me laissant seul (heureusement que je n'ai pas de névrose liée au sentiment d'abandon) devant le stand des éditeurs girondins. Il est revenu pas longtemps après : « On a rendez-vous avec Bertrand Pirel, l'éditeur d'Hugo Sport », j'ai fait le lien direct et j'ai pensé :

Chic, il y a la signature de Capucine Anav sur son stand, ce sera l'occasion de mater.

Nous sommes arrivés trente minutes plus tard (Capucine Anav était déjà partie, chienne de vie). On a causé avec Bertrand, il a trouvé l'idée très bonne et nous avons convenu d'un rendez-vous fin avril. Le rendez-vous a été repoussé plusieurs fois et nous avons fini par nous voir le 5 juin. Un mardi soir.

J'ai présenté le projet plus en détail, la façon dont je comptais traiter le sujet, les coureurs que je souhaitais évoquer, l'envie de sport, le désir de littérature, le style (rien à voir avec celui de Philippe Jaenada, ou alors deux ou trois chapitres grand maximum). Bertrand est un réel passionné, la conversation était formidable, nous avons continué à discuter vélo, du Tour de France qui approchait, des classiques qui étaient terminées, et puis on s'est mis à parler des championnats du monde en septembre, à Innsbruck. J'ai dit :

— Imagine le truc : Guimard va devoir prendre les plus grands leaders : Bardet, Pinot, Alaphilippe, Barguil, Rolland, en choisir un et faire des autres des équipiers.

— Ça ne va pas être simple à gérer, autant d'égos. Ça serait intéressant de voir comment il va s'arranger avec ça...

L'idée n'avait pas encore fini de me traverser l'esprit que j'ai dit :

— Je vais y aller !

— Où ça ?

— À Innsbruck, avec l'équipe de France. Embarqué !

J'ai vu dans les yeux de mon Wespi qu'il me disait : « Mais ferme ta gueule, tu racontes n'importe quoi » (il sait bien pourtant que je n'avais bu que quatre verres de blanc à ce moment-là et que je commence vraiment à raconter n'importe quoi à partir de huit (allez disons six quand je suis un peu fatigué mais guère moins.))

– Genre *Les yeux dans les Bleus*, mais version vélo... ? a demandé Bertrand.

– Version écrite !

– Tu es sûr qu'ils vont accepter que tu les suives ?

– Sûr non, mais je pense qu'il y a moyen.

– Alors, banco ! On va le faire ce livre.

– Bon, si on parlait d'oseille, a dit mon Wespi (oh lui ce que je l'aime quand il prononce des phrases comme celle-là).

On s'est mis d'accord avec Bertrand, puis on est allé boire un verre pour débriefer avec Sébastien et tenter d'atteindre les huit verres de blanc (on gagne toujours quand on se lance ce défi). Seb m'a demandé comment j'allais faire pour l'équipe de France et j'ai dû avouer que je n'en savais rien. Je ne voulais pas demander de piston à Pierre Rolland (je déteste les gens qui profitent du travail des autres à peu près autant que je déteste les végans prosélytes) et d'ailleurs il n'aurait rien pu faire. Ça m'a travaillé toute la nuit et la journée du lendemain. Finalement j'ai conclu que le plus simple était de faire les choses de façon normative, on verrait plus tard pour emprunter des chemins détournés.

22.

MONSIEUR LE PRÉSIDENT, JEAN-CLAUDE ROMAND, TINTINNABULÉ ET BOUC ÉMISSAIRE.

Le lendemain, je me suis mis à mon ordinateur et j'ai préparé un courrier pour le président de la Fédération Française de Cyclisme, Michel Callot. J'ai trouvé son adresse mail sur le site de la FFC. Voilà ce que j'ai envoyé le mercredi 6 juin à 17h16, avec en copie Sylvie Pasqualin, la responsable de la communication :

Monsieur le Président,

Je me permets de vous écrire pour vous soumettre un projet de livre autour de l'équipe de France de cyclisme à Innsbruck.

Je suis romancier, auteur à ce jour de quatre romans dont je serais heureux de vous faire parvenir les exemplaires si vous en manifestiez le souhait. (J'ai piqué l'idée de cette phrase à Emmanuel Carrère quand il écrit à Jean-Claude Romand (qui venait de descendre ses mômes, sa femme et ses parents, après leur avoir menti à tous pendant des années) pour son livre *L'adversaire* (d'ailleurs je pique aussi l'idée de la publication de la lettre, cette mise en abîme est vertigineuse.))

Je travaille actuellement sur mon prochain livre qui sera mon premier ouvrage de non-fiction et dont le titre est Équipiers. *Il s'intéressera aux coureurs qui forment pour beaucoup la masse anonyme du peloton. Il se veut un hommage à la force et au courage de ces hommes de l'ombre.*

C'est avant tout le livre d'un amoureux du cyclisme, d'un enfant des courses de clochers, le récit s'intéressera davantage à l'humain qu'à la performance. Il paraîtra en juin 2019.

Je vois en Innsbruck un moment unique pour témoigner de la vie de ces champions puisque la FFC, monsieur le sélectionneur national Cyrille Guimard, la DTN et leurs équipes vont devoir faire de nos plus grands leaders des équipiers d'un jour dans le but de faire d'un Français le champion du monde. Le matériel romanesque est d'une puissance folle.

Ainsi, et à la manière de grands écrivains (le gars se la joue) *embarqués dans des aventures glorieuses* (j'adore ce mot, mais pour être honnête mon préféré est « tintinnabulé » mais « embarqués dans des aventures tintinnabulées » ne veut rien dire), *je sollicite auprès de vous la possibilité d'accompagner le staff de l'équipe de France lors des championnats du monde prochains, pour pouvoir témoigner de ce moment qui s'annonce, je le crois, historique pour le cyclisme français.*

Je me dois de préciser que ce ne sera pas le récit d'un journaliste puisque je ne le suis pas, mais celui d'un romancier avec toute la subjectivité que cela peut impliquer. Je précise également que je ne recherche en aucun cas le sensationnel ou une quelconque polémique, je laisse ces sujets à d'autres.

D'un point de vue matériel, l'ensemble des frais afférents à ce projet pourront bien entendu être pris en charge par ma maison d'édition. (Ça me fait penser qu'il faut que j'envoie mes fiches à Bertrand, je le ferai demain #*procrastination*.)

Je suis à votre disposition pour en parler avec vous et vous témoigner mon enthousiasme quant à cette aventure que je souhaiterais mener main dans la main avec la FFC.

Je vous prie d'agréer, Monsieur le Président, mes salutations distinguées.

Grégory Nicolas

06.47.93.43.30 (Le numéro n'est plus actif mais je suis facilement joignable sur Facebook et Instagram, si vous avez aimé ce livre n'hésitez pas à me le dire, ça fait toujours plaisir. Si vous n'avez pas aimé, j'ai autre chose à faire que de lire vos critiques infondées, vous ne comprenez rien à l'art de toute façon.)

J'ai cliqué sur « envoyer » et je me suis dit *Faut que ça le fasse, faut que ça le fasse...*

La réponse a été presque immédiate :

Bonjour

Je suis en congés du 29 mai au 6 juin, je prendrai connaissance de votre message à mon retour le 7 juin.

Pendant mon absence, vous pouvez contacter mon collègue Jean-Jacques F. au 01 81 XX XX XX.

Bien cordialement,

Magali D.

C'était la secrétaire du Président, le lendemain j'aurais donc une réponse... Bien entendu je n'ai pas eu de réponse le lendemain, pas non plus les jours d'après. On m'ignorait, tout bonnement ! J'ai commencé à me demander comment j'allais dire à Bertrand, mon éditeur, que c'était cuit. J'ai pensé que le mieux serait de mettre le tort sur la FFC (stratégie dite du « bouc émissaire », j'aurais quand même précisé qu'ils m'avaient répondu, j'aurais pu ajouter qu'ils avaient refusé pour des questions d'assurance (ça marche toujours le coup de l'assurance)).

Le lundi d'après, je me suis dit que je ne pouvais pas abandonner comme ça. Je suis retourné sur le site de la FFC et j'ai trouvé les numéros des membres de la fédération. J'ai choisi d'appeler la responsable de la communication, Sylvie Pasqualin. Le mieux, c'est qu'elle a décroché à la première sonnerie ! J'avais la voix un peu trop aiguë au téléphone car j'étais surpris et ému, et je parlais vite.

Sylvie m'a répondu qu'elle se souvenait du mail mais que ce n'était pas elle qui décidait. Il me fallait contacter un certain Emmanuel Brunet (encore un fonctionnaire tu peux être sûr, on me faisait le coup d'Astérix dans les *Douze travaux* dudit Astérix, et j'allais me perdre dans les méandres de l'administration, on pouvait parier deux euros là-dessus).

Sylvie m'a donné le numéro d'Emmanuel et je l'ai appelé. Ça n'a pas été le coup de fil le plus chaleureux de ma vie... J'ai expliqué le projet, mais je n'étais pas clair et Emmanuel pas bien chaud, il a fini par dire « Oui, je sais pas... » et j'ai voulu m'en sortir en lui proposant de lui envoyer un mail, il a dit « OK » et a raccroché. J'ai enregistré son numéro dans mon téléphone et j'ai rédigé mon mail. Ce lundi (notez bien), à 12h58, j'ai envoyé :

Cher Monsieur Brunet,

Je vous remercie pour le temps que vous avez bien voulu m'accorder au téléphone.

Pour faire suite à notre conversation, je me permets de vous exposer plus en détail mon projet.

J'ai 33 ans, dix ans de vélo chez les jeunes dont une place de troisième en cadet 2 à Brusvilly dans les Côtes-d'Armor (ma mère possède encore le morceau de journal pour le prouver) (le lecteur vigilant notera que je n'ai pas attendu la lecture de Jaenada pour utiliser les parenthèses). *Je suis également romancier, auteur à ce jour de quatre romans dont je serais très heureux de vous faire parvenir les exemplaires si vous en manifestiez le souhait. Mon premier roman était celui d'un petit garçon qui gagne le Tour de France. Son titre était* Là où leurs mains se tiennent (autopromo, ça coûte rien).

Je travaille actuellement sur mon prochain livre qui sera mon premier ouvrage de non-fiction et dont le titre est Équipiers. *Il se veut un éloge des cyclistes. Un éloge de leur courage.* [...]

Je vois en Innsbruck une magnifique (tant qu'à faire) *partie de mon livre. Le parcours de cette année offrira un moment unique puisque la direction technique nationale, monsieur le sélectionneur national Cyrille Guimard et leurs équipes vont devoir faire de nos plus grands leaders des équipiers d'un jour dans le but de faire d'un Français le champion du monde. Le matériel romanesque est d'une puissance folle !* [...]

Je souhaite mener ce projet la main dans la main avec vous et je m'engage à vous offrir un droit de regard avant publication (le gars est prêt à tout, l'amour-propre c'est fait pour les vrais écrivains, ceux qui sont vieux et qui ont des foulards en soie et qui disent des phrases telles que : « Je crois à la force de l'écriture comme témoin d'un temps, pour l'inscrire dans l'histoire ») *sur tout ce qui aura trait à Innsbruck, à votre travail, à celui de vos équipes et à celui des athlètes. J'ai tout à fait conscience des enjeux et mon but n'est pas de révéler des stratégies ou de dévoiler des secrets de réussite qui sont le fruit de votre travail ou de dégrader l'image de qui que ce soit. Au contraire, comme je vous l'écrivais plus tôt, ce livre se veut un éloge. Je veux donner à voir le génie du cyclisme français, rendre hommage aux champions et aux équipiers dans lesquels je me permets d'inclure le staff, qu'ils soient managers, entraîneurs, mécaniciens ou assistants.*

Je crois à la force de l'écriture comme témoin d'un temps, pour l'inscrire dans l'histoire, et j'ai le secret espoir qu'un jour, dans longtemps, les gens liront mon livre et diront en parlant de vous tous : « Voilà, c'était ça Innsbruck. »

Enfin, peut-être que mon œil extérieur pourra modestement accompagner vos équipes pour encore améliorer vos performances à travers le témoignage que j'en ferai...

D'un point de vue matériel, l'ensemble des frais afférents à ce projet me concernant pourront bien entendu être pris en charge par ma maison d'édition (faut vraiment pas que j'oublie d'envoyer tout ça à Bertrand, l'hôtel m'a coûté une blinde).

Je suis à votre disposition pour en parler encore avec vous et vous témoigner mon enthousiasme quant à cette aventure qui me semble unique dans l'histoire du cyclisme et de la littérature.

Je vous prie d'agréer, Monsieur le Manager général haut niveau-performance, mes salutations distinguées.

Grégory Nicolas

06.47.93.43.30

Au téléphone, Emmanuel m'avait dit qu'il lui fallait en parler avec les entraîneurs et les athlètes avant de prendre une décision et bien sûr avec le sélectionneur Cyrille Guimard. Une semaine plus tard, comme je n'avais aucune nouvelle, j'ai envoyé un petit mail de relance.

Il m'a répondu juste après pour me dire qu'il en avait discuté avec Sylvie Pasqualin mais pas avec les entraîneurs. Il reviendrait vers moi à la fin du mois.

Juste après, mon éditeur m'a appelé pour savoir si ça bougeait du côté de l'équipe de France et j'ai répondu que ça allait le faire, t'inquiète pas. J'aurais une réponse avant la fin du mois. Au fond de moi, je considérais que si Emmanuel Brunet demandait l'avis à beaucoup de personnes, il y aurait fatalement quelqu'un pour trouver l'idée mauvaise et alors *bye bye* Innsbruck, je pensais de plus en plus à l'excuse des assurances.

J'ai fait les bosses et le creux sur ma main et j'ai constaté que le mois de juin ne contenait que trente jours, on était le 18 juin (une pensée pour le grand Charles), dans moins de douze jours je serais fixé.

Le 2 juillet, encore un lundi, je n'avais toujours pas de réponse ! Autant je veux bien être patient, autant je déteste les gens en retard (des études scientifiques ont prouvé que la plupart d'entre eux sont végans, comme par hasard). Le même jour, j'ai envoyé :

Bonjour Monsieur Brunet,

Je me permets de revenir vers vous au sujet de mon projet de livre…

Les championnats de France étaient magnifiques et peut-être qu'à cette occasion vous avez pu en discuter avec vos collaborateurs ? […]

Votre soutien m'est décisif (tentative de le faire culpabiliser) *dans la réussite de ce projet. Je vous remercie beaucoup.*

Ça commençait à grave me soûler. Je ne pensais qu'à ça. Toujours pas de réponse (ces fonctionnaires, tous les mêmes).

Le 9 juillet, un lundi, j'ai écrit :

Bonjour Monsieur Brunet,

J'espère que je ne vous importune pas en revenant une nouvelle fois vers vous (tu parles qu'en vrai j'en avais rien à faire de l'emmerder). *Pensez-vous que nous allons faire ce formidable* (eh ouais) *livre ensemble ? D'ores et déjà, plusieurs coureurs m'ont donné leur accord pour le projet.*

Raconter Innsbruck de l'intérieur serait à n'en pas douter le parachèvement du livre !

Je serai sur le Tour les deux dernières semaines. Si vous y êtes également, peut-être peut-on en discuter ensemble ?

Bien à vous,

Grégory Nicolas

Toujours pas de réponse… J'ai décidé d'employer les grands moyens et j'ai poursuivi mon harcèlement par téléphone. Mais là encore je restais dans l'attente, enfermé dans la tonalité de retour d'appel de mon iPhone. Et j'imaginais Emmanuel Brunet voyant mon nom s'afficher sur son téléphone, lever les yeux au ciel et le fourrer dans sa poche.

J'étais sœur Anne dans *La Barbe bleue* : *« Je ne vois rien que le soleil qui poudroie et l'herbe qui verdoie. »*

Pendant ce temps, je continuais de rassurer mon éditeur. « J'y serai, t'inquiète, ils règlent un ou deux détails à la FFC, des histoires d'assurance, et c'est bon. »

On avance un peu, le Tour est fini, Geraint Thomas a gagné, et nous voilà le 30 juillet :

Bonjour Monsieur Brunet,

Mon petit mail habituel du lundi à propos d'Innsbruck et de ce projet génial (si, si, croyez-moi), sans réponse depuis longtemps mais en ce qui concerne la littérature je n'ai aucun amour-propre ☺ (mais ça, vous le saviez).

Je vous souhaite une bonne semaine en attendant lundi prochain…

Mon gars, j'étais comme dans la chanson du groupe Sniper :

Avec la pression que t'as dans la che-bou
On peut te lâcher sur un pit' ou un rot'
et tu les chiques au cou

Je ne comptais pas le lâcher, ah ça non ! Et, alleluia, j'ai obtenu une réponse :

Bonjour Grégory,

je m'excuse de ne pas répondre.

Je n'ai pas de retour de Cyrille Guimard et nous avons quelques problématiques importantes en interne actuellement pour bien se projeter.

Nous allons être sur Glasgow dès cette semaine. Cyrille arrivera lundi 6.

Le lendemain du contre-la-montre (jeudi 9), nous sommes « sans coureur ». Peut-être l'occasion de s'appeler et d'en parler de vive voix à Cyrille.

Possible pour vous ?

Devine si j'ai dit oui. Le jeudi 9 août, j'avais mon téléphone dans la main depuis 6 heures du matin, la batterie était chargée à bloc, je m'étais assis dans le coin de la maison que je louais pour les vacances où l'on captait le mieux (près de la machine à laver).

J'ai passé la journée dans la buanderie, mais personne n'a appelé hormis le service client SFR pour faire un point sur mon abonnement. On imagine ma bonne humeur le soir à table devant ma salade de tomates et feta... J'ai encore envoyé un mail le lundi d'après, toujours sans réponse. J'ai réfléchi, il devait y avoir un problème quelque part, un détail clochait dans ma démarche et ce détail m'empêchait d'atteindre mon objectif. Alors j'ai changé complètement de stratégie et j'ai envoyé un mail le 21 août... un mardi, cette fois !

Objet du message : « Toutes mes excuses ». J'ai pensé que quitte à échouer, autant le faire avec panache, et j'ai écrit :

Bonjour Emmanuel,

D'abord toutes mes excuses puisqu'en principe c'est le lundi que je vous harcèle, mais hier j'ai oublié. Vous le savez mieux que moi, Innsbruck avance à grands pas... Je vous confirme mon souhait de venir témoigner de cette belle aventure et j'espère que vous voudrez bien répondre favorablement à ma demande. Bien entendu je reste à votre disposition pour en discuter.

Bien à vous,

Grégory

06.47.93.43.30

Et quatre heures après il m'a répondu, d'où l'intérêt d'agir avec panache ! Quand j'ai vu la notification s'inscrire sur mon téléphone, j'ai ouvert Gmail le plus vite possible et j'ai lu :

Bonjour Grégory,

Cyrille Guimard ne m'a pas validé ça (il ne m'a pas dit non). Je vais vous donner ses coordonnées pour que vous puissiez lui expliquer votre projet.

Son tel : 00336 11 XX XX XX

Son mail : XX@XX

Tenez-moi au courant quand vous l'avez eu.

Il me fallait donc écrire à Cyrille Guimard. J'ai pensé : « *Bon, ben c'est mort.* »

Chez nous, Cyrille Guimard est une légende, lui écrire c'était comme envoyer un texto à Zidane ou un WhatsApp à Didier Deschamps, mais ce n'était pas ce qui m'inquiétait le plus. J'ai pensé qu'il dirait forcément non. Quel intérêt pouvait-il avoir à me donner accès à l'intimité de son groupe ? J'avais l'image d'un homme extrêmement sûr de lui, et le franc-parler qui va avec. Mon livre, qu'est-ce qu'il pourrait bien en avoir à faire, avec son palmarès long comme les jambes de Tobias Ludvigsson ? J'allais devoir me passer d'Innsbruck pour *Équipiers*.

Cyrille Guimard, c'est cinquante ans de l'histoire du vélo. C'est la moitié de l'histoire du vélo. Rien de moins. Une première sélection pour les championnats du monde amateur (malade, il n'a finalement pas pris le départ) en 1965 (mon père avait trois ans), près de cent victoires en pro, sept étapes du Tour, des maillots jaunes en veux-tu en voilà, deux victoires sur la Vuelta, quatre Tours de France de Hinault, deux de Fignon et un de LeMond.

De tous ceux que j'ai sollicités pour l'écriture de ce livre, qu'ils soient leaders ou équipiers, c'est la personne qui m'impressionnait le plus, parce qu'à l'entendre à la radio ou à la télévision, j'avais l'impression qu'il n'avait peur de rien, que ce soit pour encenser la prestation d'un coureur ou au contraire pour la critiquer. Je crains toujours les gens qui semblent n'avoir peur de rien, car ils laissent peu de chances aux doutes des autres.

J'ai tout de même écrit le mail suivant, en notant dans l'objet la référence à Emmanuel Brunet, à Innsbruck et à mon livre, pour qu'il ait au moins la curiosité de regarder, j'avais perdu tout espoir, ou presque :

Bonjour Monsieur Guimard,

Je me permets de vous écrire de la part de monsieur Emmanuel Brunet avec lequel je suis en contact (c'est un peu l'amour à sens unique quand même, faut pas se voiler la face) *depuis le mois de juin autour d'un projet de livre au sein duquel j'aimerais évoquer votre travail et celui de vos équipes.*

Je me permets de me présenter : je me nomme Grégory Nicolas, je suis écrivain, auteur à ce jour de quatre livres dont je serais heureux de vous faire parvenir les exemplaires si vous en manifestiez le désir. J'ai 34 ans et je suis Breton (mais je n'essaie pas de vous influencer) (enfin un peu quand même, si au moins Anne de Bretagne peut servir à quelque chose).

Je prépare donc actuellement un livre qui s'appellera Équipiers *et qui paraîtra en juin 2019. Ce livre se veut un éloge de la force et du courage de tous ces hommes qui n'ont pas souvent un 1 à la fin de leur dossard... Ce livre, c'est celui d'un amoureux des courses de clocher, d'un gamin du Tour de France. De nombreux coureurs ont déjà accepté d'y participer.*

Dans ce cadre, les championnats du monde d'Innsbruck et cette équipe de France que vous allez mener me semblent une occasion unique de témoigner d'une page du cyclisme français, qui je l'espère sera glorieuse (et pas tintinnabulée). *En effet, la particularité du tracé semble convenir a priori à plusieurs leaders dont vous et vos équipes allez devoir faire des « équipiers » d'un jour. Le matériel romanesque est formidable ! [...]*

Je crois vraiment dans la force de ce projet et je me tiens à votre disposition pour en parler avec vous dès que vous le désirez.

Je vous souhaite une très belle journée, Monsieur Guimard.
Bien à vous,
Grégory Nicolas
06.47.93.43.30

C'était le 21 août, à 13h57. Et le même jour, à 19h47, je recevais un message de Cyrille Guimard… Il acceptait ! Avec plaisir !

J'ai sauté au plafond, je suis retombé sur le parquet et j'ai entendu la voisine gueuler qu'elle en avait plein le dos du bordel au-dessus, et tout de suite après j'ai appelé ma femme. J'étais si heureux. Parce que l'attente avait été tellement longue et que, finalement, j'y étais arrivé. J'avais atteint mon objectif, je n'avais pas renoncé, et j'avais le sentiment que cinq semaines plus tard j'allais vivre l'un des plus grands moments de ma vie. Et c'était vrai.

23.

OUF, SÉLECTION, RUDY, PARIS-NICE, PURITO ET LÉGITIMITÉ.

J'ai envoyé un message à Pierre Rolland: « Tu devineras jamais !? C'est bon, je vais au Mondial ! C'est énorme. Il faut que tu en soies aussi ! Ça serait ouf. »

Quatre jours après, Pierre prenait le départ de la Vuelta et le lendemain, Cyrille Guimard a annoncé en marge de la Bretagne Classic à Plouay, où Oliver Naesen s'est imposé pour la deuxième fois, les quatre premiers sélectionnés de l'équipe de France: Julian Alaphilippe, Romain Bardet, Tony Gallopin et Anthony Roux.

Il restait quatre coureurs à choisir parmi neuf « présélectionnés »: Warren Barguil, Lilian Calmejane, Kenny Elissonde, Cyril Gautier (qui a finalement prévenu Cyrille Guimard qu'en raison de son trop petit nombre de jours de courses lié à son départ d'AG2R La Mondiale, il ne serait pas prêt), Guillaume Martin, Rudy Molard, Anthony Perez,

Thibaut Pinot et Pierre Rolland. Cyrille voulait attendre la Vuelta, les semi-classiques italiennes et les courses au Québec pour décider de la suite de sa sélection.

Deux jours plus tard, Pierre passait tout près de la victoire d'étape en Espagne. Pendant la course, il s'est pris la tête avec Luis Ángel Maté et quand c'est parti devant avec Ben King et Nikita Stalnov, personne ne lui a donné un coup de main. Il a chassé tout seul, mais il lui a manqué treize secondes pour l'emporter alors qu'il en avait bouché quarante-cinq. Il a eu le sentiment de passer à côté d'une opportunité exceptionnelle, il aurait ainsi gagné dans chacun des trois grands tours.

Mais c'était un bon signe sur sa forme après le Tour de France compliqué de juillet. J'ai pensé que de cette façon, il se rapprochait d'une sélection au Mondial. Je voyais déjà la fin du livre s'écrire devant moi : j'aurais fini sur le travail de Pierre à Innsbruck, sept ans après l'Alpe d'Huez, sept ans après Thomas Voeckler, il endosserait de nouveau le rôle d'équipier et un Français serait champion du monde. La boucle serait bouclée, et ce livre aussi.

Le mercredi suivant, Rudy Molard a réussi un coup exceptionnel en se glissant dans l'échappée qui, petit à petit, était en train de lui tricoter un maillot rouge.

En quittant le peloton, il n'a pas respecté le briefing d'équipe qui était de rester autour de Thibaut Pinot. Mais on ne lui a rien reproché. Si un directeur sportif lui avait demandé de redescendre avec son leader, Rudy aurait sûrement argumenté, mais si Thibaut lui avait demandé de revenir à ses côtés, il serait redescendu faire son travail auprès de lui sans sourciller.

Dans l'échappée, Rudy s'est vite rendu compte qu'il était le mieux placé au classement général et quand il a demandé à l'oreillette un état des lieux des gars avec lui, on le lui a confirmé.

Il pensait d'abord à la victoire d'étape. Il se voyait lever les bras une fois encore comme il l'avait fait à Paris-Nice en mars. Sa première victoire en World Tour, sur ses terres ! Il avait marché fort en février, terminant troisième au Tour de La Provence et au Tour du Haut-Var, ce qui lui avait donné le droit de courir pour lui sur Paris-Nice. On ne l'aiderait pas, mais il n'aurait pas à aider Arnaud Démare non plus. On lui faisait confiance, à lui de saisir sa chance ou non.

Avant le départ de Paris-Nice, Rudy avait fait une ultime sortie d'entraînement. Il faisait froid, la route était mouillée, mais il était parti reconnaître une dernière fois la bosse de la sixième étape entre Sisteron et Vence, l'étape qu'il avait « cochée » comme disent les cyclistes... Son parcours d'entraînement le faisait tourner à gauche au sommet pour rentrer chez lui. Au moment de tourner, il s'est dit : « Allez, même si je le connais par cœur, je continue et je refais le dernier kilomètre de la course, je vais jusqu'à la ligne et je rentre. Au cas où... » Ce même kilomètre où il attaqua quelques jours plus tard, se retournant ensuite à tout bout de champ pour regarder le peloton à ses trousses, comme font les gamins quand ils sont poursuivis dans leurs rêves par des monstres effrayants.

Rudy faisait des vagues sur la route en se retournant, ses jambes appuyaient de toutes leurs forces, ses joues tiraient sur sa bouche, son corps en un bloc, tout en force, l'emmenait vers la victoire, les mains sur les cocottes, puis en danseuse, buste relevé maintenant, maillot tendu tout à coup, le poing vers le ciel de Vence et le cri qu'on n'entend pas mais qu'on imagine, un « Ouais » ou un « Yes » et le voilà, la ligne passée, christique, son corps offert à la foule, son bonheur à la gueule des gens bien contents pour lui.

C'était comme s'il avait prémédité sa victoire, et dans ce cas c'est comme pour les crimes, la préméditation rend les victoires plus grandes encore.

En revanche, Rudy n'avait pas prémédité sa première place au classement général de la Vuelta six mois plus tard, lui qui était venu en Espagne comme équipier de Thibaut Pinot. Il a enfilé le maillot rouge à manches longues et ses yeux de chat ont regardé la foule qu'il dominait, debout sur le podium.

Rudy a toujours été impressionné de se retrouver à côté d'un leader de classement général. Il se souvient de sa première Vuelta et de Contador ou de Purito en maillot rouge à côté de lui, et du drôle d'effet que ça lui faisait. « C'est pas rien quand même, un maillot », dit Rudy. Quand je lui demande s'il pense que le fait de porter le maillot de leader impressionnait les autres coureurs à côté de lui, il répond franc comme tout : « Je pense, oui... »

En plus d'être leader du classement général, il est devenu leader de l'équipe pour un temps au moins, jusqu'à ce que Thibaut Pinot le leader légitime reprenne sa place.

La *légitimité* du leader, c'est toute la question. D'où la tient-il ? D'un titre ou d'un statut qu'on acquiert par la décision d'une autorité : le patron de l'équipe ? D'une performance athlétique supérieure et admise comme telle par ses collègues qui, de ce fait, deviennent ses *équipiers* ? D'un charisme supérieur qui lui confère une autorité naturelle, une forme de domination ? Je ne sais pas, et je ne crois pas que ce livre apportera une réponse conceptualisée parce que je préfère donner à voir plutôt que montrer.

Je peux tout de même reprendre la phrase d'Axel Domont quand je lui ai demandé ce qu'était pour lui un leader. Il m'a répondu : « Un leader, c'est trois choses : un mec charismatique qui tire les autres vers le haut, qui donc ne les soumet pas mais les élève ; le plus fort du point de vue athlétique ; et quelqu'un de reconnaissant. »

C'est étrange, la question de la reconnaissance, car quand j'ai cité cette phrase à Thomas Voeckler, il m'a dit qu'il n'était pas du genre à répéter à longueur de journée à ses équipiers que ce qu'ils faisaient était génial ou que sans eux il n'était rien... Chacun faisait son travail, à son niveau, ça n'empêche pas de dire merci bien entendu, mais ça n'oblige pas non plus à la « reconnaissance » éternelle comme on peut l'avoir à quatre ans pour l'adulte qui vous a tiré d'une piscine à balles trop profonde et qu'on aurait pu se noyer, si, si, c'est vrai maman je t'assure un peu plus j'étais cuit.

Mais j'avais mal compris, car Axel parlait davantage d'une reconnaissance dans le sens de la *perception* d'un travail effectué, une capacité à voir.

Pour Axel, un leader doit être capable d'évaluer le travail de ses gars même si celui-ci a été précoce dans la course : en pourrissant une échappée dangereuse, en roulant longtemps sur un coup parti tôt, en abritant d'autres équipiers désignés dans un rôle plus tardif avant que les leaders ne prennent eux-mêmes la course en main.

24.

INDURAIN, HYPNOTIQUE, CATARACTE, SAC À DOS, JULIEN PINOT ET MEILLEUR.

Mais revenons au pays d'Indurain et des cigarettes à pas cher. L'équipe Groupama-FDJ avait donc fait le déplacement pour son leader Thibaut Pinot. Se retrouver avec le maillot rouge sur les épaules d'un autre coureur aurait pu être compliqué, car un maillot, ça se défend, c'est-à-dire qu'on se bat pour le garder sur le dos en course et le soir dans la valise à roulettes. Et l'énergie dépensée pour aider Rudy Molard à le conserver aurait pu manquer ensuite à Thibaut et aux jambes de sept lieues qu'il avait en Espagne. Mais finalement, courir à l'avant pendant quatre jours a rendu l'équipe encore plus forte, ça a donné confiance à tout le monde et gonflé le moral en même temps que les mollets.

Rudy, ce qui marque pour qui l'a vu, c'est son regard. Ses yeux, aucun photographe n'a encore réussi à en capter la vérité. Il regarde le monde comme s'il le découvrait sans cesse, mais ce n'est pas non plus le regard d'un enfant, encore moins celui d'un bébé, car il a en lui une force qui se dégage, qui irradie, on ne lui trouve pas de fragilité, il est hypnotique. Voilà, c'est le mot : hypnotique.

Je me souviens qu'au cours du premier repas que j'ai pris avec les coureurs de l'équipe de France (le déjeuner du vendredi, après la reconnaissance du circuit), Rudy était face à moi, deux places sur la droite, et je n'arrêtais pas de regarder ses yeux et j'ai commencé à me dire que si Rudy le remarquait il allait penser que j'étais bizarre ou même que je le draguais... Alors après j'essayais d'éviter ses yeux, mais ce n'était pas facile.

Je me doute qu'il a l'habitude qu'on le regarde ainsi, car il trimballe ses yeux depuis un bout de temps. Heureusement qu'il porte souvent des lunettes lorsqu'il court car sinon, les spectateurs n'en auraient que pour ses yeux et il n'y aurait plus aucun intérêt à couvrir les épaules de l'homme en tête du classement général d'un maillot distinctif puisque personne ne le verrait. Ou alors il faudrait faire un maillot de la couleur des yeux de Rudy. C'est pas demain la veille qu'on y parviendra.

Les yeux de Rudy sont nés en même temps que lui, le 17 septembre 1989, à Gleizé, dans le département du Rhône, si personne ne s'est amusé à trafiquer sa fiche Wikipédia. Je sais de source sûre qu'il a une grand-mère qui achète ses livres dans une jolie librairie de Lons-le-Saunier, la ville de Bernard Clavel. Je sais aussi de source sûre qu'il vit dans le sud de la France, région où tant de coureurs et de retraités ont élu domicile pour profiter de la douceur du climat. Je ne sais pas si, par mimétisme, les coureurs en profitent pour faire leurs courses au supermarché au même moment que les gens qui bossent ? Ça me rend dingue !

Là où les retraités bénéficient de la présence nombreuse de médecins spécialisés dans l'opération de la cataracte, les coureurs, eux, exploitent le relief des Préalpes pour s'entraîner. Quand je demande à Rudy si le lieu où on vit influence la performance, il répond que « oui c'est sûr, et heureusement qu'il n'y a pas davantage de coureurs à habiter par chez moi car ça roulerait encore plus vite dans le peloton ».

Sans compter l'aéroport de Nice qui facilite la logistique de ces gens qui passent deux cents nuits par an dans un lit qui ne leur appartient pas.

Le parcours de Rudy est différent de celui des autres coureurs, même si lui aussi rêvait gamin de devenir professionnel. Il ajoute qu'il « ne se voyait rien faire d'autre ». Rudy est lui aussi enfant des rayons chromés, des guidolines salies par la transpiration et des cale-pieds à courroies. Parce qu'on a toujours fait du vélo dans sa famille, que son grand-père maternel fut un solide coursier amateur et que son père lui a donné le goût du changement de braquet.

Mais Rudy a pris son temps. Plutôt que d'emprunter des routes, il a descendu des pistes, celles enneigées de la région de Barcelonnette où il a intégré le sport-études ski à l'âge où on vous demande de penser à ce que vous ferez quand vous serez grand et que vous constatez, amer, que la voie pour devenir astronaute est assez bouchée, finalement.

Les parents de Rudy l'ont toujours soutenu mais l'ont laissé se débrouiller. « Mon père, dit Rudy, était plus dans la philosophie "une erreur vaut plus qu'un bon conseil". C'était pas le genre à m'équiper avec le matos dernier cri. »

Donc, pas un kilomètre de vélo pour Rudy avant le printemps quand les autres en sont déjà à quatre ou cinq mille, de la fraîcheur à la fin de l'été certes, mais des victoires déjà au moment des premiers blés, devant les acharnés de l'entraînement.

Le jour important, celui où la question de la carrière se pose vraiment, c'est celui de son championnat de France à Ussel où, junior 1, il fait six et est appelé à la suite en équipe nationale par le sélectionneur Pierre-Yves Chatelon (on dit PYC). Il se rend bien compte aussi que son gabarit n'est pas le plus adapté pour le ski alpin et il enrage de la durée trop courte de l'effort en compétition, il veut davantage de distance, davantage d'endurance.

Le deuxième moment important intervient plus tard, en 2011. Rudy vient de poser le sac qu'il a eu sur le dos pendant trois mois et son périple australien en mode *backpack* et douche froide avec l'ensemble de la jeunesse du monde. C'est la dernière année espoir de Rudy, il signe au CC Étupes et s'acoquine avec Julien Pinot qui y est entraîneur. Un entraîneur ça entraîne, et voilà Julien qui donne à Rudy le premier programme d'entraînement de sa vie, à vingt-deux ans ! Et Julien ajoute :

— Tu vas devoir rouler en décembre...

— Ah mais attends, j'ai jamais roulé en décembre, rétorque Rudy.

— Eh bien il va falloir !

Rudy fait ce que Julien lui dit et ça marche, en février il gagne, jamais il n'avait gagné si tôt dans la saison. Il passe pro la même année. La première année pleine qu'il réalisait.

Je lui demande si ce décalage par rapport à la progression classique d'un coureur professionnel peut expliquer sa réussite aujourd'hui, il répond : « Je pense que j'ai perdu du temps au début de ma carrière mais maintenant ça paie, dans le sens où j'ai toujours fait l'entraînement de moins plutôt que l'entraînement de trop. Je me suis toujours préservé l'hiver... Peut-être que ça me permet de franchir un cap chaque année sans régresser ? »

C'est sans doute le travail d'équipier effectué pour Samuel Dumoulin sur Paris-Corrèze et la satisfaction du staff de Cofidis qui lui permettent de signer son premier contrat professionnel. Chez Cofidis, il endossera tous les rôles : aider Dani Navarro en montagne, travailler pour Nacer Bouhanni sur le plat et puis aussi parfois « jouer perso » sur certaines courses, comme sur son premier Liège-Bastogne-Liège en 2014, où il termine seizième. À la fin, il l'avoue, il avait du mal à trouver sa place au sein de l'équipe qui misait gros sur Nacer. Il avait des désirs d'ailleurs mais faire du vélo avec un sac à dos n'est pas facile, et l'Australie il connaissait déjà.

Il a causé avec Marc Madiot, son discours lui a plu, Rudy connaissait d'autres coureurs dans l'équipe, des coureurs qu'il appréciait, et l'idée de retrouver Julien Pinot qui lui avait permis de progresser de façon fulgurante le séduisait. Rudy ajoute : « Et il y a aussi l'envie de travailler pour un mec comme Thibaut. Mon recrutement, au début, c'était vraiment celui d'un équipier pour Thibaut. Quand tu vois ton leader marcher comme Thibaut sur la Vuelta, c'est énorme. Un grand leader comme Thibaut, c'est certain que ça fait progresser ses équipiers. Quand on me dit au briefing le matin : “Rudy, tu vas avec Thibaut le plus loin possible”, eh bien je m'arrache, c'est la même chose si on me dit de faire le pied d'un col à fond. Je vais aller au bout de moi-même pour accompagner mon leader le mieux possible et ça me fait un objectif. Et c'est comme dans la vie, si on veut se surpasser il faut un objectif. Je vais plus loin dans l'effort et je deviens meilleur... »

25.

L'ÉQUIPE, RICHARD MARILLIER, OROPA ET ARC-EN-CIEL.

Rudy a perdu le maillot après quatre étapes en rouge sous le cagnard espagnol. Entre temps, Nacer Bouhanni a gagné à San Javier et Tony Gallopin l'a imité le lendemain à Pozo Alcón. Puis c'est Alexandre Geniez qui s'y est mis à la douzième étape. C'est peu dire que les Français marchaient du tonnerre.

Rudy est revenu à son rôle d'équipier, il se sentait encore plus fort qu'avec le maillot. La pression, même s'il aime ça, était retombée et sa condition s'améliorait chaque jour. Il était là pour Thibaut Pinot qui a montré qu'il était en grande forme en remportant l'étape de montagne le 9 septembre.

Juste après, il y a eu un article dans le journal *L'Équipe* dans lequel Thibaut disait sa forme et tant pis si cette forme perturbait les plans de Guimard... Voilà, c'était ce qu'on pouvait craindre : si on faisait la somme des watts de l'équipe de France, elle serait forte, sans doute la plus forte, mais comment gérer l'humain quand c'est lui qui appuie sur les manivelles, les sensibilités lorsqu'elles sont légitimes, les désirs lorsqu'ils sont profonds, les rancœurs lorsqu'elles sont anciennes, les ambitions lorsqu'elles s'opposent ? Comment faire des plus grands leaders des équipiers d'un jour ?

Je sais qu'en réponse à cet article, Cyrille Guimard a envoyé un mail sévère à Thibaut avec copie à Marc Madiot, son manager. C'est une des choses que Cyrille avait garanties en prenant la tête de l'équipe de France, un partenariat avec les équipes de marques et leurs dirigeants, cela vaudrait pour le positif comme pour le négatif.

Dans ce message, le sélectionneur rappelait à Thibaut le cadre dans lequel évoluait un potentiel membre de l'équipe de France. Cyrille voulait des soldats et l'esprit guerrier qui va avec, il n'y avait pas de place dans son équipe pour les états d'âme ou la dispersion. Bon, ce n'était pas non plus une mise au point à la Richard Marillier, qu'on surnommait « colonel Marillier » et ça tombe bien puisqu'il l'était, colonel, ainsi que sélectionneur de l'équipe de France de cyclisme à partir de 1969, mais Cyrille a dit les choses à Thibaut comme il les pensait.

Quelques jours plus tard, Thibaut a déclaré dans le même journal, alors qu'on lui demandait, suite à l'annonce de sa sélection, quel serait son rôle en équipe de France : *« C'est une question qu'il faut poser au sélectionneur. Julian marche très fort en ce moment. Je suis juste heureux d'apprendre ma sélection, même si je n'en doutais pas beaucoup compte tenu de mon état de forme. Ensuite, la tactique de l'équipe de France et les rôles de chacun seront connus la veille du championnat du monde. »* On ne domestique pas facilement un loup.

En parallèle, je correspondais beaucoup avec Pierre Rolland qui profitait de ses soirées d'après-courses et de ses longs transferts ibériques pour me confier des choses très belles et très touchantes sur sa vie de coureur et sur la vie tout court. Certaines sont dans le livre, d'autres sont juste pour moi. C'est mon privilège. On n'est pas obligé de tout dire.

Un soir il m'écrit : « Il faut que tu parles d'un truc, des trois cents balles que j'avais par mois et de mes allers-retours Rennes-Orléans que je devais payer avec. Cette période a forgé une grande partie de ma vie. »

Il n'en dit pas plus et je ne lui demande pas car on a compris. La précarité, tout mis de côté dans le but de réaliser un rêve. Pierre n'en avait jamais parlé. Pas même à Marion, sa femme, ma cousine, je le sais car je lui ai demandé, et Marion avait de la tendresse dans les yeux au moment où je lui disais, en pensant aux années de vaches maigres de cet amoureux qu'elle ne connaissait pas encore.

De nouveau un message de Pierrot, à chaque fois que je vois son nom s'inscrire sur le portable je sens de la joie partout dans mon corps. Ma femme qui me voit sourire, alors que je consulte mon téléphone et que je dis : « C'est Pierrot », m'interroge : « S'il n'était pas coureur, l'aimerais-tu autant ? »

Je cherche la réponse, car je sais bien que non, s'il n'était pas coureur je ne l'aimerais sûrement pas autant, mais sur le moment je ne veux pas l'admettre, j'y vois le « fan » que je me refuse à être et puis je trouve la faille dans la question : Pierre est coureur, eh oui. C'est lui. Ce n'est pas *tout* lui certes, car il est aussi père, frère, fils, roublard, gentil, mari, chambreur, secret, sensible, curieux, généreux, sauvage, drôle et... coureur donc, on n'a rien à y enlever, c'est une somme de choses, un amalgame. Oui, j'aime Pierre, le coureur et l'homme qu'il est, j'ai bien le droit.

Le message de Pierre, le voici : « Vu que tu parles beaucoup de Perrig dans ton livre, je vais te donner mon meilleur souvenir avec lui sur le vélo et te prouver que c'est un véritable équipier. C'était au Giro en 2014, une étape montagneuse avec cent kilomètres de plat et après, pour finir, trois petits cols. Perrig intègre l'échappée matinale, une grosse échappée comme on voit maintenant, peut-être trente coureurs partis en costauds. Le peloton s'arrête, la chasse n'est pas menée, l'échappée va sûrement se jouer la victoire d'étape...

Dans le peloton, une autre course commence, celle du classement général. On escalade la première montée, le peloton se casse un peu mais rien de méchant. Je sens que je suis dans une très bonne journée et je me dis: “Il faut que j'en profite pour prendre du temps au général.” Je prends ma radio et je l'explique au directeur sportif: “Je veux essayer quelque chose dans la deuxième montée” (j'avais rien à perdre). Ils me disent OK. J'attaque avec un autre équipier (Björn Thurau), ça fonctionne, on arrive à prendre de l'avance: vingt secondes, quarante secondes, une minute, une minute trente... Je vois déjà dans ma tête toutes les places que je vais reprendre au classement... le podium peut-être!

Perrig, toujours dans l'échappée avec plusieurs minutes d'avance, entend que j'ai attaqué et se relève sans qu'on lui demande quoi que ce soit! Il finit d'escalader la deuxième montée tranquillement pour récupérer. Il s'arrête carrément en haut et nous attend! Il nous voit arriver comme des fous et il est excité à l'idée de faire ce qu'il aime: être équipier, travailler pour un autre que lui. Parce que Perrig est beaucoup plus fort quand il fait du vélo pour un autre, quand il prend du vent plein la gueule avec son mec dans la roue. Je l'ai pas vu mais je suis presque sûr qu'il a eu la chair de poule comme quand on gagne. On se jette dans la descente, on la fait plutôt prudente mais je sais que dans la partie plate avant la dernière montée il va m'aider... Je reste dans sa roue (c'est une vraie machine), je l'encourage à plusieurs reprises, on arrive au pied de la dernière ascension vers le sanctuaire d'Oropa. Perrig s'écarte, c'est fini. À moi de monter le plus vite possible maintenant, la montée me convient bien. Je termine avec quelques secondes d'avance sur Quintana et les autres favoris. Je sais qu'on va dire que ce n'est pas grand-chose, mais on était fiers de nous... »

Pierre a échangé avec Cyrille Guimard après sa troisième place à Alfacar et il a confié par SMS au sélectionneur que son objectif de fin de saison était de « voir Bardet ou Alaphilippe en arc-en-ciel ».

26.

COURAGE, SELFIES, CONCURRENCE, BRONCHITE ET WARREN.

Pierre voulait voir deux autres coureurs que lui en arc-en-ciel.

Quel courage faut-il pour écrire une phrase comme celle-ci ! Même s'il a du respect pour Romain Bardet et Julian Alaphilippe, ils n'en restent pas moins ses adversaires la plupart du temps. Alors pourquoi les aider ? Si on pousse le raisonnement jusqu'au bout, Pierre n'a pas intérêt à ce qu'un autre Français soit champion du monde.

Car le vélo obéit aussi à une logique financière. Les équipes cyclistes sont des sociétés qui sont sponsorisées par d'autres sociétés, c'est-à-dire qu'elles louent leur image à ces sociétés. Plus l'image est forte, plus la location est chère, mieux sont rémunérés leurs salariés. Pour que l'image soit forte, il faut des résultats, de la performance. L'image fait ensuite vendre des produits. Au final, ce sont les spectateurs qui paient les coureurs, il ne faut pas l'oublier et je me fais un plaisir de le rappeler aux coureurs qui rechignent au moment de signer des autographes (mais pas à ceux qui refusent les selfies, faut quand même pas abuser).

Plus un coureur est performant, plus il est populaire, plus il est payé. Aider un coureur d'une équipe de marque adverse, c'est favoriser la concurrence. Ça n'a aucun sens d'un point de vue capitalistique. Seulement, il y a quelque chose de supérieur à la valeur financière, on peut appeler ça l'amour du maillot bleu ou juste l'envie de vivre quelque chose de grand. Je crois que pour Pierre, c'était ça : il voulait vivre quelque chose de grand, être là pour quelqu'un d'autre comme il l'avait été avec Thomas Voeckler en 2011, mais je peux me tromper. Je n'ai pas envie de lui demander. Je ne veux pas être déçu.

Pierrot m'a envoyé un message le 12 septembre à 11h03 pour me dire que c'était bon ! Il ferait le Mondial ! J'ai répondu que c'était génial, que ça me donnait des frissons, qu'il était trop fort et qu'il serait magnifique en bleu ! Tout était en train de se passer comme dans un rêve.

Il a été sélectionné en même temps que Rudy et Thibaut, ça a été annoncé officiellement deux jours plus tard, le 14 septembre, j'étais au téléphone avec Cyrille Guimard quand ils ont envoyé le communiqué de presse. Je voulais me présenter et connaître son état d'esprit. Il était vraiment très sympathique au téléphone, bien loin de l'image que je pouvais avoir de lui. Parce que l'image que l'on donne n'est pas toujours la bonne. J'étais impressionné de lui parler bien sûr, il a dû le sentir et a fait quelques blagues pour me détendre. On a bien rigolé. Il est vraiment marrant.

J'ai appelé mon père juste après pour lui dire que j'avais eu Cyrille Guimard au téléphone, j'ai senti qu'il était fier que son « gars », comme il dit toujours en parlant de moi, discute avec un homme de cette envergure.

J'étais au lit quand mon téléphone a sonné huit jours plus tard. C'était un message de Pierrot. Il disait : « Désolé de t'annoncer ça mais je suis forfait pour le championnat. J'ai une bronchite qui ne passe pas depuis la Vuelta. Je me suis entraîné mais je ne peux pas faire le moindre effort. Cyrille Guimard est informé et il va me remplacer. » Il commençait par « désolé ». Il pensait à ma déception avant la sienne. J'ai trouvé ça vraiment délicat.

On s'est échangé quelques messages. Par pudeur, on a vite parlé d'autre chose et envisagé de faire un week-end avec nos épouses et les enfants. J'ai dit à Béatrice :

— Pierrot vient de m'envoyer un message, il est forfait pour le Mondial...

— Oh mince, le pauvre. Qu'est-ce qu'il a ?

— Il est malade, une bronchite ou je sais pas quoi... Il ne peut pas se soigner correctement.

J'ai fini par dire à Pierre de prendre soin de lui et on a promis de se voir vite mais le cœur, pour tous les deux, n'y était pas.

La nouvelle a été annoncée officiellement le lendemain par Warren Barguil sur son compte Instagram. Sur la photo du post, il relève la fermeture Éclair d'un maillot bleu avec sa main droite, on voit le mot « France » sur son gant, en blanc, et Warren a un grand sourire. En dessous, il est écrit : *« Mes premières pensées vont vers Pierre Rolland, malade, et qui a dû déclarer forfait pour les championnats du monde sur route à Innsbruck dimanche prochain. Le sélectionneur national de l'équipe de France sur route professionnelle Cyrille Guimard a fait appel à moi afin de pallier son forfait, et je tiens à le remercier pour la confiance accordée. Je vais retrouver le maillot de l'équipe de France avec envie, ma motivation afin de servir ce groupe, honorer les couleurs de mon pays sur cette magnifique épreuve qu'est le championnat du monde. Le but étant de permettre à la France de décrocher la meilleure performance possible sur cette compétition. J'ai hâte que cette belle aventure débute avec l'ensemble des coureurs qui vont composer cette équipe de France : @alexandregeniez, @alafpolak, Anthony Roux, @romainbardet, @rudymolard89, @thibaut.pinot et @tonygallopin. Rendez-vous en Autriche en fin de semaine prochaine.*

Merci de votre soutien.

Warren. »

Bien sûr, dans « les coureurs qui vont composer cette équipe de France », il manquait *@pierrooorolland* et, même si c'est stupide, j'en ai voulu à Warren. Je lui en ai voulu de « prendre la place » de Pierre comme d'autres en avaient voulu à Pierre de « prendre la place » de Warren au moment de l'annonce de la sélection.

J'ai pensé que c'était un sentiment de supporter mais c'était plus profond que ça.

J'ai tout de même noté que Warren, à travers son message, se positionnait tout de suite dans le rôle de l'équipier. Je me suis dit que ça ferait un égo de moins à gérer pour l'équipe et que Warren serait précieux dans ce rôle, il s'inscrivait dans ce que Pierre avait dit à Cyrille : qu'il voulait voir Bardet ou Alaphilippe en arc-en-ciel. Faire de nos plus grands leaders des équipiers allait peut-être se révéler moins compliqué que prévu.

27.

COW-BOY, LIECHTENSTEIN, CYRILLE GUIMARD, LÉO FERRÉ, LUMINEUSE ET LA BOUSE.

Le mercredi 26 septembre 2018, peu après 10 heures, j'ai quitté femme et enfants et j'ai pris la route d'Innsbruck. Il me manquait un chapeau de cow-boy, des santiags et un chariot bâché, mais sinon j'étais dans le même état d'esprit qu'un de ces héros du Far West s'en allant conquérir les grandes plaines du Missouri ou même du Colorado. Pour tout dire, j'étais dans un état proche de l'Ohio.

Innsbruck est une ville du Tyrol autrichien, surtout connue pour avoir organisé deux fois les Jeux olympiques en douze ans (la deuxième fois, en 1976, c'était pour dépanner, il faut bien le dire) et pour son tremplin de saut à ski qu'on voit de loin. Quand on vient de l'ouest de la Suisse, ce qui est mon cas, on passe par le Liechtenstein pour y accéder, c'est quand même pas courant de passer par le Liechtenstein.

J'étais à la fois excité et nerveux. J'écoutais des vieux morceaux de Sniper, Kery James et Supreme NTM à fond dans la bagnole. Je tentais de dissimuler la peur qui était la mienne de ne pas être à ma place, de déranger, d'être regardé de travers, ou pire de ne pas être regardé du tout...

Je me rends compte que je raconte mal, que mes mots ne sont pas justes (pas pratique dans mon métier). Alors je vais laisser Antoine Blondin écrire pour moi, même si lui parle du Tour de France : « *Prendre le Tour de France en marche, c'est pénétrer une famille avec des gaucheries de fils adoptif, des réticences d'enfant de l'amour tard reconnu. Tout un rituel s'est instauré sans vous, dont on vous livre patiemment les clefs...* » Voilà.

Le vélo avait mis trente-quatre ans à me déclarer son amour et c'est vrai que pour ça je l'avais un peu forcé. Il fallait maintenant être à la hauteur.

J'ai garé ma voiture devant l'hôtel de l'équipe de France, le bien nommé Sporthotel à Igls (prononcez ça comme vous voulez, pour info moi je le prononce un peu à la suédoise), un village proche d'Innsbruck. Je suis allé à la réception pour récupérer la clé de ma chambre.

L'hôtel au charme désuet, genre pension de famille à la Boule et Bill, était vide. Le contre-la-montre élite hommes écrasé par l'Australien Rohan Dennis venait de s'achever. J'ai récupéré la clé et, à l'instant où je me retournais (promis, c'est vrai), Cyrille Guimard est apparu. Comme ça dans le lobby de l'hôtel, tout tranquille, tout peinard. J'ai hésité un instant puis je suis allé vers lui en tendant la main qu'il a saisie franchement et j'ai dit tout à trac :

– Excusez-moi, bonjour monsieur Guimard. Je me présente, je suis Grégory Nicolas, vous savez pour le livre *Équipiers*. On s'est eu au téléphone l'autre jour...

– Ah oui, c'est vrai ! Ça va ?

— Oui, ça va super. Bon, alors, ce contre-la-montre ?

— On voulait un top 20, on fait 21…

Il s'est tourné vers la réceptionniste :

— There is nobody at the bar…

— Someone is coming, sir…

Il m'a regardé en rigolant et il m'a dit :

— C'est que j'ai soif moi !

— Moi aussi j'ai soif… Ça vous dérange si je vous accompagne ? Mais vous voulez peut-être rester tranquille ?

— Mais non, viens avec moi.

On s'est assis au bar. La serveuse est arrivée, Cyrille a commandé une bière et m'a demandé ce que je voulais.

— Comme vous, une bière ça ira bien…

— Alors *two beers please?*

— *What's your room number?* a demandé la serveuse.

Il a commencé à le donner mais je l'ai interrompu pour indiquer le mien, je lui devais bien ça quand même. Les bières sont arrivées et on a commencé à discuter.

C'est souvent délicat de parler avec quelqu'un pour la première fois, il faut trouver le sujet adéquat. Mais avec Cyrille c'est facile, le sujet adéquat, c'est le vélo. Il suffit de quelques minutes avec lui pour voir à quel point cet homme *est* le vélo.

Manu Brunet, le responsable de la performance, le chef de la délégation française, celui qui répondait si peu à mes mails, m'a dit le dernier jour, alors que je lui demandais pourquoi Cyrille continuait à se fixer de tels objectifs, eh bien Manu Brunet m'a répondu comme une évidence : « C'est un sacerdoce pour Cyrille. » Je ne sais pas à quel point c'est vrai, s'il y a quelque chose de mystique là-dedans, un rapport au sacré.

Cyrille m'a parlé de son premier championnat du monde amateur, celui de 1965 qu'il n'avait pas pu courir car il était malade et la victoire de Jacques Botherel qu'il connaissait bien pour le battre plus souvent qu'à son tour dans les courses en Bretagne et ailleurs, et les mafias qu'ils avaient montées ensemble. « Mafia », c'est ce mot que mon grand-père et mes oncles utilisaient souvent pour parler de leurs années vélo. Quand Cyrille a dit le mot « mafia », je me suis senti comme à la maison. J'étais assis à la longue table chez mes grands-parents, à Plaintel.

Il faut que je dise une chose sur Cyrille, ou plutôt sur son physique, et je jure qu'après je ne parle plus de son âge. Parce que Cyrille est beaucoup plus jeune que mon grand-père, mais quand je pense à Pierre Chandemerle, mon papi, celui du Casarelli rouge à guidolines blanches, je ne le vois pas avec l'âge qu'il a aujourd'hui mais je le vois spontanément comme il était il y a vingt ans, quand nous allions faire du vélo ensemble sur les routes qui passent au milieu de la forêt de l'Orge. Et Cyrille a le même physique que lui à cette époque, celui de beaucoup d'anciens coureurs, il a la cage thoracique épaisse et les bras menus, ça m'a marqué quand je l'ai vu en tee-shirt au petit-déjeuner du vendredi. J'ai sans doute retrouvé en Cyrille Guimard un peu l'image de mon grand-père, ça a dû jouer dans le fait que je l'ai tout de suite aimé, pas besoin de faire une thèse en psycho pour comprendre ça.

— D'ailleurs, vous habitez où en Bretagne ? j'ai demandé.

— À Guer.

— C'est où ça, Guer ?

— C'est incroyable, personne ne sait jamais où se trouve Guer ! C'est la forêt de Brocéliande, pourquoi tu crois qu'on m'appelle le Druide ?

— C'est là où il y a l'école des officiers de l'armée, non ?

— Voilà, c'est ça.

Il a enchaîné avec la victoire en professionnel de Tom Simpson la même année que Jacques Botherel. On connaît si bien la mort de Tom Simpson, dans la montée du Ventoux. À chaque fois que je pense à lui, ça me fait mal au cœur.

Un homme avec un survêtement de l'équipe de France est apparu, je ne l'ai pas reconnu tout de suite, c'était Benjamin Thomas.

— Je suis à 4'45 de Dennis, ça fait une sacrée différence de watts quand même...

— Oui, a répondu Cyrille, ça fait quoi ? Cinquante watts ?

— Quelque chose comme ça, peut-être un peu moins...

— Bonjour Cyrille...

Une dame lumineuse, tout sourire, s'est approchée et Cyrille l'a embrassée comme du bon pain en lui demandant comment ça allait. Elle m'a tendu la main et a dit :

— Bonjour, je suis Sylvie Pasqualin, la responsable de la communication de la FFC...

— Bonjour, je suis Grégory Nicolas, on s'est parlé pour le livre *Équipiers*...

— Ah, c'est vous l'écrivain ?! elle a dit, et en se tournant vers Cyrille elle a ajouté le regard pétillant : c'est comme ça que Manu Brunet l'appelle, « l'écrivain ». Bon, ça va ?

Le sourire et la gentillesse de Sylvie, je les ai revus à chaque fois que j'ai rencontré une nouvelle personne de la délégation, que ce soit des mécaniciens, des assistants, des ostéos, des officiels. J'avais prévenu dans ma lettre que je ne cherchais pas le sensationnel ou la polémique et j'ai bien fait, parce que si j'étais venu pour cela, je serais reparti bredouille et alors j'aurais dû mentir comme font les taquineurs de goujon à leur retour de pêche. Parce que les gens sont gentils. Oui, gentils. Toutes mes excuses aux cyniques, mais je l'ai déjà dit ailleurs : je vous emmerde.

Ça commençait à se remplir dans le lobby de l'hôtel. Des gens allaient et venaient, certains en civil, d'autres en tenue de l'équipe de France. Je n'avais d'yeux que pour ceux-là.

Cyrille m'a proposé une deuxième bière, pour payer son coup à la suite du mien, comme on fait dans n'importe quel bistrot. C'était pas plus compliqué que ça.

Une grande silhouette habillée tout en noir est venue vers nous, elle a tendu la main à Cyrille puis à moi en s'excusant de nous interrompre. C'était Philippe Brunel, le journaliste de *L'Équipe,* celui qui me fait lire un article rien que sur son nom, et qui venait de signer l'interview de Gianni Moscon dans l'édition du jour. On s'est vite mis à causer du « cas Moscon », de sa personnalité, de sa violence.

J'ai osé dire à Philippe Brunel que l'entretien était plutôt bienveillant et il l'a tout à fait assumé en me faisant remarquer qu'un gars à qui on donne la parole, c'est pas un prétexte pour le déboîter. Philippe Brunel a fait un parallèle entre Moscon et Maurizio Fondriest que Cyrille connaissait bien, il a dit :

– Ces mecs sont faits du même bois, ils viennent de la même région, ils sont rudes et fonctionnent de la même façon.

– Enfin, quand même, a répondu Cyrille, c'est pas une raison pour mettre des baffes aux adversaires !

– On n'en mettait pas des baffes dans le peloton peut-être, du temps où t'étais coureur ? a interrogé Philippe Brunel, l'œil malicieux.

Et Cyrille lui a répondu, l'œil plus malicieux encore :

– Je me souviens plus.

Ensuite, ils sont allés faire un entretien dans un des canapés en tissu fatigué de l'hôtel. Cyrille m'a promis de me payer sa tournée après, et il a tenu parole.

Les « petits » juniors sont arrivés, j'écris « petits » mais ils sont tous plus hauts que moi, ils ont les traits fins et les muscles secs, ils sont gracieux, ils n'ont plus d'acné mais ça ne doit pas faire longtemps. Ils se déplacent dans ce monde offert à leurs dix-huit ans, branleurs comme des chats.

Ils se prénomment Louis, Alex, Aloïs, Raphaël, Antoine, Donavan, Hugo, Valentin, Eliott, Valentin encore et Kévin. Pour leurs noms on verra plus tard. Ce sont les mollets qui décideront si on sait demain Barré, Baudin, Charrin, Da Costa Barros, Devanne, Grondin, Page, Paret-Peintre, Pierre, Retailleau et Vauquelin comme on sait aujourd'hui Bardet, Froome, Alaphilippe, Pinot, Barguil, Valverde ou Sagan.

Deviendront-ils leaders ou équipiers, cesseront-ils de passer leur vie sur un vélo, bientôt écœurés par les courses qu'ils ne gagnent plus à mesure qu'ils grandissent ? On ne sait pas, mais on comprend sans peine leur émotion de se trouver là.

Pourtant, ils se promènent dans l'hôtel de l'équipe de France parmi les autres membres de la délégation et les journalistes comme si tout était normal, comme si représenter son pays était une chose banale, comme si participer à un championnat du monde de cyclisme quand on en est encore à faire conduite accompagnée, c'était à peu près égal à passer un contrôle de bio ou à rédiger un commentaire composé de français.

Sylvie Pasqualin me prend par le bras :

— Tu as déjà rencontré Manu Brunet ?

— Rencontré non, mais je lui ai envoyé un mail ou deux...

— Tiens Manu, c'est Grégory Nicolas, tu sais pour le livre...

Et elle s'en va voir un journaliste qui traîne par là.

— Ah oui, bonsoir. (Manu tel qu'en ses mails, le mec le plus chaleureux d'Europe...)

— Bonsoir, je voulais vous remerci...

— Pas de quoi, t'as rencontré Cyrille ?

— Oui, oui, c'est bon. Merci. Ça se passe bien pour le moment ?

— Ça se passe, bon désolé, on se voit plus tard...

Tiens ? Voilà Léo Ferré ? Salut Léo ! Comment ça, tu as une petite chanson pour moi ? Vas-y, je t'écoute, 3... 4...

La solitude
La solitude
La solitude, la solitude, la solitude
La solitude

C'est Sylvie qui me sauve du « seum », comme disent les juniors. Elle revient me voir. Je lui demande comment elle est arrivée là, à gérer la communication d'une des principales fédérations de France. Elle a un parcours à l'image des appartements que cherchent les cadres sup' à Paris : atypique.

Sylvie a commencé sa longue histoire avec le vélo chez Look. Elle a connu les années Tapie, celles durant lesquelles on promettait une Porsche au coureur en cas de victoire. S'il levait les bras, il la trouvait garée le lendemain matin dans son sous-sol. Avec Tapie, le vélo a débarqué un peu en avance sur tout le monde dans le XXIe siècle après être longtemps resté dans le XIXe. Sylvie me raconte l'anecdote du petit ingénieur de chez Look qui a le culot de présenter à Tapie la pédale automatique qu'il a développée pour les bicyclettes à une époque où la marque ne s'occupait que de skis, Tapie qui voit ça et dit banco ! Je ne vous parle pas de la tête des anciens proprios, la famille Beyl, quand ils ont vu Bernard Hinault avec des pédales Look sur le Tour de France... Pour ne pas rester sur le bord de la route avec leurs skis et leurs passe-montagnes en plein mois de juillet, ils ont alors fondé la société Time. Ça a longtemps été la guerre entre les deux marques et Sylvie me confirme les difficultés pour les coureurs quand je lui dis que Perrig Quéméneur, en junior, n'avait pas pu être sélectionné en équipe de France car il avait des pédales Time sur sa bicyclette quand Look était le sponsor officiel de la fédération.

Sylvie est entrée par la suite à la FFC sous la présidence de Daniel Baal, pour s'occuper de la communication, mais il ne fallait pas l'ébruiter car les mots et les choses qu'on dit, et comment on le fait, à l'époque, c'est de l'argent jeté par les fenêtres, tout le monde sait ça...

Sylvie fait son petit bonhomme de chemin, monte son truc, fait gagner la fédération en professionnalisme, gère les contrats, les droits télévisuels, les journalistes et des tas d'autres choses encore, « je suis MacGyver », elle dit en riant. Je lui demande depuis combien de temps elle fait ça et, dans une coquetterie de jeune fille, elle refuse de me répondre mais me dit : « Autant que lui, tu imagines ! » en interpellant Hervé Bombrun, le journaliste officiel de la FFC, et Hervé lève les yeux au ciel en gardant son téléphone entre les mains (il doit lire un article sur l'Olympique lyonnais) et dit : « M'en parle pas... »

Il y a de plus en plus de monde dans la grande salle de l'hôtel. J'explique à Sylvie en détail la raison de ma venue, l'avancée du livre jusque-là, l'ambition qui est la mienne. Elle dit : « Attends, je vais te présenter à des gens. » Elle s'adresse à Manu qui gère un souci dont j'ignore la nature, elle lui demande :

— Comment je le présente, Grégory ?

— Tu dis qu'il est écrivain, et tu ajoutes qu'il est comme un membre du staff, qu'il a accès à tout !

(Dans ta gueule, Léo Ferré.)

Sylvie me présente aux autres membres de la délégation, je leur raconte mon livre, demande à chacun son rôle.

Peut-être une heure après, Manu Brunet vient me trouver et s'inquiète de savoir si tout se passe bien. Manu a les cheveux noirs de jais comme on disait dans les descriptions des romans d'il y a longtemps. Il a une moustache fine à la d'Artagnan, il est plus petit que moi. Il a le corps de ceux qui ont passé longtemps sur une selle en cuir. Il n'accorde pas immédiatement sa confiance, on le sent tout de suite. En revanche, quand il la donne, c'est un des mecs les plus généreux et fiables que j'ai eu la chance de rencontrer. Mais quand il a quelque chose à te dire, il te le dit.

On évoque ma position au sein de l'équipe : Manu s'engage à tout me montrer, à ne rien me cacher. Il ajoute : « C'est le deal, t'es là, on fait le truc à fond. » Il me donne le programme du lendemain : les pros arrivent à l'aéroport de Munich en tout début d'après-midi, Cyrille ira les accueillir, ils profiteront du retour pour repérer la partie en ligne du parcours au départ de Kufstein, à quatre-vingt-dix kilomètres d'Innsbruck, avant la nuit. Je tente le coup :

– Et tu crois que je pourrais venir chercher les coureurs avec vous, ça pourrait être pas mal de voir les premiers contacts ?

– Ah ça par contre, non ! Il y a la course juniors hommes et on n'a pas assez de véhicules, c'est même juste pour mettre tous les coureurs...

Je saute sur l'occasion :

– Mais j'ai ma voiture, si tu veux.

– Ah, t'as ta voiture ? Ça, ça peut m'intéresser...

– Si je peux dépanner, tu penses. Mais je veux pas m'incruster.

– Alors d'accord, tu iras chercher les coureurs avec Cyrille et Paul.

Bingo ! Paul, c'est Paul Brousse, le sélectionneur des élites femmes. Paul est un homme délicieux, il a du gel sur ses cheveux raides et la poignée de main de ceux qui font attention aux autres. C'est un dingue de vélo (ça tombe bien, vous me direz). Il s'amuse, conscient de sa folie, quand il me dit que pendant le Tour il enquille les émissions d'avant-étape, l'étape en intégral et les émissions d'après-étape...

Je dis : « Oui mais tu fais quand même autre chose en même temps, rassure-moi ? », il rigole: « Bah non, pourquoi ?! À la limite un peu de home trainer, mais c'est tout ! »

Pour revenir au manque de voitures, c'est aussi une des choses qui m'ont marqué à Innsbruck, ce mélange de professionnalisme extrême de chacun dans ses missions et le sentiment d'une improvisation permanente. Cette improvisation n'est nullement une marque de désorganisation, d'amateurisme ou pire, de dilettantisme. Au contraire, elle est un moyen de s'adapter vite et bien à une situation donnée, un peu comme en course, et dans ce domaine Manu est champion du monde. À Innsbruck, des juniors aux élites, des femmes aux hommes, des mécanos aux soigneurs, des médecins aux sélectionneurs, des assistants aux membres de la fédération, du soir au matin, et pareil la journée, Manu était plus que la tête de l'équipe de France, il en était l'âme.

— Hey, mais je le connais ce gars-là !

Un grand homme à lunettes, en short et claquettes se pointe vers nous. Je le reconnais tout de suite, il me serre la main et dit à Manu :

— Hey, tu sais que j'ai fait un mariage avec ce mec ?!

— Ah bon ?

— Oui, le mariage de Pierrot Rolland !

— C'est vrai, je confirme.

— Hey, on avait rigolé ce jour-là ! Mais qu'est-ce que tu fais ici ?

— Je viens faire un livre sur vous tous.

— Ah ouais ? Il s'adresse à Manu :

— Hey, faut le mettre bien, faut tout lui montrer, lui je le connais, c'est un bon !

— C'est prévu, t'inquiète, la Bouse.

« La Bouse », c'est Alexandre Bousseau. C'est le chauffeur du bus Direct Énergie, celui qui a toujours plein de prix de la combativité devant son pare-brise et des histoires à raconter pour cent ans. Il est venu ici avec son bus, que Jean-René Bernaudeau a prêté à la fédération, tout comme Vincent Lavenue a prêté le camion-atelier d'Ag2R La Mondiale.

— On boit un coup ensemble après ? me propose la Bouse en retournant voir des connaissances à lui.

— Avec plaisir…

— C'est sur des mecs comme ça aussi que tu dois écrire, me dit Manu. Eux aussi ce sont des équipiers à leur manière. Des mecs comme la Bouse, ça n'a pas de prix pour une équipe. C'est hyper précieux.

— En quoi ?

— C'est une foule de petits détails. Tiens, le plus bête, mais essentiel : avec la Bouse, je sais que chaque matin avant le départ des courses, toutes les bagnoles auront l'essence qu'il faut, t'as même pas à y penser…

Comme un fait exprès, la Bouse revient deux secondes :

— Au fait Manu, c'est bon pour les bagnoles, y a le plein partout.

Manu me regarde :

— Tu vois ?

— Oui, je vois. Mais bon, son boulot ce n'est pas uniquement de faire le plein, je pense…

Et Manu dit que non, bien sûr, mais que la Bouse, c'est le genre de gars qui travaillent d'une façon si déterminée, si méthodique et si joyeuse qu'ils entraînent les autres dans leur sillage. Comment tu veux faire la gueule face à un gars comme lui qui déconne tout le temps, ou te plaindre de trop bosser alors que le mec ne compte jamais ses heures et est d'une fiabilité extrême ? C'est impossible, ou alors tu passes pour le dernier des cons. Une équipe de vélo c'est tout ça, des compétences mises bout à bout, et lui c'est le top. Vraiment le top. Il aura toujours l'attention qu'il faut pour les coureurs, la part de pizza qui va bien à l'arrivée, les frigos dans le bus toujours pleins, un véhicule propre comme un sou neuf, la musique qui remonte le moral, la connerie à dire au bon moment ou le silence gardé s'il faut se taire parce que les mecs ont besoin de ça.

— C'est pour ça que tu lui as demandé de venir ?

— Oui, c'est pour ça. Quand tu veux atteindre l'excellence, tu dois prendre les meilleurs. La Bouse, dans son domaine, c'est un des tout meilleurs, s'il est ok on le prend. Et il est ok. C'est la même chose avec Mika, le mécanicien d'AG2R La Mondiale qui fait la pige avec nous en soutien des mécanos de la fédé. Je me suis renseigné pour savoir qui, parmi les mécanos, fait partie des meilleurs, des gars en qui tu peux avoir confiance à 100 %, autant sur l'état d'esprit que sur les compétences mécaniques. J'avais plusieurs noms, dont celui de Mika... Quand j'évoque avec la direction d'AG2R La Mondiale la mise à disposition du camion et donc du mécano qui va avec, on m'annonce Mika. Le monde est merveilleux, tout roule comme sur des roulettes ! Ensuite, je rentre en contact avec lui, on prend le temps de s'expliquer les choses, le cadre et surtout l'état d'esprit. Les compétences mécaniques j'en parle pas, pas besoin, j'ai l'assurance qu'il les a et je ne vais pas m'occuper de son travail, c'est lui l'expert. Je fais en sorte d'atteindre un objectif. Nos dirigeants attendent que l'équipe de France montre ce qui se fait de mieux. Moi mon job, c'est de faire en sorte qu'avec un budget imparti, parfois très contraint, on puisse disposer des meilleurs atouts pour mettre nos équipes dans des conditions optimales. Il y a aussi beaucoup de système D pour y parvenir et surtout, et vraiment j'insiste là-dessus, un état d'esprit enthousiaste, collectif et le plus important : ambitieux.

— Et toi, comment t'en es venu à ce travail ?

Il m'explique : bien entendu, à un moment de sa vie, Manu est coureur, quelque part dans le centre de la France, il a un bon niveau mais trop juste pour passer pro. Par chance, et par travail, il est de première qualité pour ce qui est des études. Il poursuit dans cette voie tout en continuant à s'aligner sur des courses nationales. À la fin de son cursus en STAPS, il passe le concours ultra-sélectif de conseiller d'administration sportive. Le jour de l'annonce des résultats de l'écrit, il est en course et charge sa mère de vérifier s'il est admissible ou non. Sa mère se connecte à Internet, pas de Brunet sur la liste. Mince. Sauf que la liste que consulte sa mère est, sans qu'elle le sache, celle de l'année précédente… Mince, encore. On comprend la surprise de Manu quand il reçoit la convocation officielle quelques jours avant l'oral, le temps de préparation est alors trop court et Manu est vraiment recalé cette fois.

Mais il ne compte pas rester sur un échec, qu'on pourrait qualifier de « demi-échec» si on cherchait un prétexte pour ne pas renoncer. Manu prépare cette fois le concours de CTR, conseiller technique régional. Pour réussir le concours de CTR c'est assez simple, il faut être premier. Car il n'y a qu'un poste ouvert les années où il est organisé. Manu travaille d'arrache-pied, convoque tout ce qu'il a appris durant ses études, vérifie lui-même s'il est admissible ou non (on n'est jamais trop prudent) et finit premier. Un champion.

Le voilà muté pas trop loin de la maison, en Bourgogne, où il prend ses fonctions. Quand il parle de ces années au pays des ducs, du brillat-savarin et du pinot noir, on voit, sous ses cheveux noirs de jais et au-dessus de sa fine moustache à la d'Artagnan, une petite lumière qui frémit dans ses yeux alors qu'il pense à toutes les actions qu'il a pu monter là-bas, sa passion de la détection, et les centaines de bénévoles auprès de lui pour le plaisir des autres, pour l'aider à organiser des moments exceptionnels.

Après quelques années, comme un prêtre-ouvrier qu'on fait évêque (Manu finira-t-il pape ?), il est appelé à Paris, plus précisément à Montigny-le-Bretonneux, rue Laurent Fignon, au siège de la FFC. Il a la modestie de ne pas me dire les raisons qui font qu'on l'appelle, mais je pense que ce sont les mêmes qui font qu'il réussit le concours de CTR : il était le meilleur.

Quand le parcours d'Innsbruck a été révélé, Manu a téléchargé le tracé sur son home trainer connecté et il s'y est mis. Il a roulé comme un dératé et a fini par une pente si raide qu'il était obligé de la monter en fractionné, un truc de dingue. Je demande si c'est la fameuse côte qu'on surnomme « Highway to Hell » avec ses 28 %. Et Manu me répond mort de rire que non, ce n'est pas celle-là, c'est encore pire ! Car le tracé indiqué par l'application et sur lequel il roulait comme une brute dans son salon depuis des heures n'était pas le bon !

Vers 20 heures, nous sommes allés dîner dans une grande salle nappée de blanc, avec l'ensemble du staff de l'équipe de France. J'étais parmi eux, conscient de ma chance. Comme assis à la table des mariés.

J'observais Manu qui mangeait à toute vitesse avec le nez dans ses Excel, les gens discutaient d'histoires de vélo comme les marins discutent d'histoires de pêche. Malgré la bonne humeur, on sentait que la tension montait doucement avec l'arrivée, le lendemain, des pros.

Après le dîner, j'ai retrouvé la Bouse. On a discuté de nos connaissances communes, Jacky Durand est passé, il a serré la main de la Bouse puis la mienne, et la Bouse lui a dit en rigolant qu'il ne fallait pas qu'il oublie de rappeler à l'antenne que Direct Énergie prêtait gracieusement le bus.

— Je le ferai dès qu'on verra un coureur de chez vous à l'écran, promis.

— On n'en a pas, rigolo.

— Bah ouais, je sais bien ! il a répondu, chambreur.

J'ai raconté à la Bouse ce que j'avais déjà écrit, que vous avez lu avant, le Tour 2011 d'Europcar et Pierrot, et Perrig, et Thomas. Il m'a dit : « Tu peux écrire ce que tu veux, jamais tu pourras faire comprendre aux gens ce qu'on a vécu. C'est impossible. C'était trop fort. »

L'émotion était encore là, sept ans après. Et il a ajouté : « Pour la retraite de Thomas, on a organisé une fête surprise dans un camping. T'aurais vu le chantier pour faire ça en cachette du père Voeckler... Bref, on y est arrivés en prétextant un week-end sans les enfants. Et je peux te dire que tout le monde était là, peu importe les vies de chacun. Tout le monde a fait l'effort pour s'organiser, Pierrot, Cyril Gautier, même s'ils ont changé d'équipe ils sont venus bien sûr. On a rigolé, laisse tomber. Bon, y a que Christophe Kern qu'on n'a pas vu beaucoup, il est parti trop vite sur la première étape des trois jours de java et s'est retrouvé à la limite de l'abandon dans son bungalow les jours d'après ! En tout cas quand on se retrouve, c'est un truc de fou. »

— Comment t'es devenu chauffeur de bus pour Direct Énergie ?

— Je suis devenu chauffeur de bus dans un second temps. J'ai commencé assistant. Moi, je connais Jean-René depuis la maternelle. C'est comme un père pour moi. J'ai fait du vélo, je courais avec Giovanni, son fils. Après, pour différentes raisons, j'ai dû arrêter le vélo mais Jean-René m'a proposé de rejoindre l'entreprise. Et c'était parti...

— Jean-René a l'air vraiment apprécié par ses coureurs et par le staff.

— Tu m'étonnes. Jean-René, s'il a une équipe, c'est pour l'humain. Pour voir ses mecs heureux. Il a emmené tout le monde aux Antilles... Tu crois qu'il y a beaucoup de patrons qui font ça ?

— Perrig t'a déjà parlé de l'histoire familiale dramatique d'une petite fille que gardait sa mère, et du jour où Jean-René s'est mis à pleurer quand elle la lui a racontée ?

— Ça, c'est Jean-René. Y a pas de doute.

— T'aimes bien cette vie itinérante ? Quand je vois l'énergie déployée ici, pour le championnat, c'est dingue...

— Ça ? C'est de la rigolade ! Peut-être que toi ça t'impressionne, mais des journées comme ça c'est toute l'année qu'on en fait, et sur le Tour je t'en parle même pas.

— C'est un peu comme un cirque qui se balade, la logistique c'est incroyable.

— Après, c'est notre job. Moi j'aime ça, organiser les choses au plus près, gérer les kilomètres, trouver un bon plan pour garer mon bus en sécurité et gratuitement, parce que pour l'instant l'argent, on le fabrique pas. Mon bus n'est pas rentré aux Essarts, là où il y a le service courses, depuis je ne sais pas combien de temps. C'est ça aussi, le bon boulot. Faudrait que t'en parles dans ton livre, et puis tu sais, si les voitures sont propres et belles au départ de chaque course, c'est parce que quelqu'un a fait en sorte qu'elles le soient. Le mec ou la fille a travaillé. Ce serait pas mal que les gens s'en rendent compte.

J'ai dit d'accord. Je suis facilement d'accord sur les choses.

28.

HÉROS DE ROMAN, PAUL BROUSSE, GOUDRON, VALISES ET VANITÉ.

Le lendemain. Je crois qu'il faisait beau mais je n'en suis plus sûr. Passé huit heures du matin, les héros de roman ne courent pas les rues dans le village d'Igls. On me rétorquera que c'est un peu comme le quartier des Invalides après huit heures du soir, sauf que les gens y parlent allemand.

J'ai marché dans le petit bourg, que j'ai traversé en moins de trois minutes, et je me suis retrouvé au bord du circuit, dans la descente qui suit le col d'Igls avant l'entrée dans le centre-ville d'Innsbruck. Il y avait des militaires tous les trente mètres pour sécuriser la course des juniors femmes. Ils se parlaient les uns aux autres, de loin, debout, à leur poste. L'un a demandé une cigarette à son collègue en face, mais il ne pouvait pas bouger pour lui apporter. Le soldat m'a fait signe, il m'a dit quelque chose en allemand, m'a tendu la cigarette et j'ai traversé la route pour la donner à son collègue qu'il m'avait désigné d'un coup de menton. L'ordre c'est quelque chose chez les militaires.

Des voitures avec des gyrophares orange ont commencé à arriver régulièrement sur le circuit, qu'elles parcouraient à toute allure. Puis, ce sont les enfants des écoles voisines qui ont quitté leurs classes avec leurs maîtresses pour accrocher leurs petites mains aux grandes barrières de métal gris. Ils brandissaient des mini drapeaux rouges sur lesquels était inscrit en grosses lettres blanches : « Tirol ». Avec leur arrivée, la fête a commencé et les voitures et leurs gyrophares orange qui passaient à toute allure se sont mises à klaxonner pour répondre aux coucous aigus des enfants. C'était joli.

Les juniors filles ont dévalé la pente le corps plié sur leur bécane et les cris des écoliers se sont élevés plus haut encore. Ils les ont toutes encouragées, peu importe leur nationalité, comme font les adultes. C'est ce qui me touche le plus dans le sport cycliste : l'empathie que le public développe pour ces sportifs ceints de lycra et de douleur, et la joie qui les accompagne.

Je devais en être à mon vingt-deuxième café de la matinée quand on s'est retrouvé dans le sous-sol de l'hôtel, qui faisait office de zone technique pour la fédération, avec Paul Brousse, le sélectionneur des élites féminines.

— Tu nous accompagnes ? il m'a demandé.

— Oui, Manu m'a dit qu'il manquait une voiture, du coup je viens avec la mienne.

Cyrille Guimard est arrivé et a dit : « Allez, on y va. » Paul est monté avec lui dans la Skoda break stickée FFC et ils ont fait la route ensemble jusqu'à Kufstein, au départ de l'épreuve des juniors hommes où Cyrille a récupéré une autre voiture, et de là nous sommes partis vers l'aéroport de Munich en convoi.

Nous y sommes arrivés à 14 heures, pile au moment où l'avion en provenance de Paris se posait. On devait y récupérer Aude Biannic, Anabelle Dreville et Eugénie Duval ainsi qu'Alexandre Geniez, Tony Gallopin, Warren Barguil, Romain Bardet et Julian Alaphilippe. Anthony Roux et Rudy Molard, qui venaient de Nice, arrivaient à peu près à la même heure, mais à un terminal différent, et c'est Julie Boisgontier, une des kinésithérapeutes du staff, qui se chargerait de les récupérer. Thibaut Pinot, lui, était venu en voiture depuis la France et en avait profité pour aller rouler.

Je regardais Cyrille et Paul attendant leur équipe, détendus mais concentrés, prêts à y aller. On sentait que quelque chose allait se passer.

Nous sommes partis chercher un casse-dalle avec Paul, il a demandé à Cyrille s'il en voulait un et Cyrille lui a répondu : « Je mange pas le midi. » Paul m'a regardé et m'a dit : « Ça c'est tout Cyrille, tu pourras en parler dans ton livre. » J'ai dit d'accord.

J'ai demandé à Paul comment il avait fait pour devenir sélectionneur des féminines et il m'a dit : « J'ai envoyé un CV. » C'était pas compliqué alors... Il a précisé qu'il avait préparé son entretien avec ceux dont il espérait qu'ils deviennent ses futurs dirigeants avec application et méthode. Comme on fait pour un championnat, avec seulement, cette fois, les phrases pour changer de braquet. Cela lui avait permis de se projeter dans la fonction de sélectionneur telle qu'il l'envisageait. Et ça l'a fait grandir, un peu comme le père en devenir, spectateur de la grossesse de celle qu'il aime et qui a neuf mois pour s'interroger sur la meilleure façon d'endosser ensuite la charge.

Plus tard, alors que les liens que nous tissions devenaient de plus en plus solides puisque nous partagions la même aventure, Paul m'en a dit un peu plus. Sa passion dévorante pour le vélo, les cent bornes chaque samedi, les cent bornes chaque dimanche, auxquelles il continue de s'astreindre toutes les semaines, les maillots Rapha qu'il achète en soldes. Les années chez les amateurs, les super résultats, les années chez les pros, la difficulté à retrouver un contrat, la volonté chevillée au mollet de ne pas quitter le milieu.

Il sera formateur, éducateur, il fera tourner les jambes à d'autres, exploitera au mieux le potentiel de chacun, dira les mots qu'il faut, cherchera la clé pour améliorer la performance et décrira le geste juste qui fait le métier accompli. Il crée sa société pour entraîner les jeunes, devient directeur sportif de l'équipe féminine Poitou-Charentes Futuroscope 86 et passeur au sein du CREPS (Centre de ressources, d'expertise et de performance sportive) de Poitiers où il anime des formations de haut vol.

Parler avec Paul, c'est une drôle d'expérience, parce que derrière ses compétences, sa connaissance encyclopédique des principes mécaniques, diététiques, physiques, physiologiques, psychologiques qui font ce qu'est le cyclisme aujourd'hui, on n'a qu'une envie : le faire rire. Parce que son rire, qu'il semble parfois retenir autant qu'il peut, quand il advient, c'est comme gagner une petite course, et avec Paul c'est vrai, on a envie de gagner souvent. Je suis pratiquement sûr que la formule « pince-sans-rire » a été inventée pour lui. Et le mot « prévenant » aussi.

Nous sommes revenus vers Cyrille qui échangeait des messages avec un de ses amis. Nous avons fini nos casse-dalles et puis, elles sont arrivées : des ombres portées, fines comme les corps qu'elles dessinaient. Warren, Aude, Tony, Alexandre, Anabelle. Un commencement.

On s'est tous dit bonjour. J'ai donné mon prénom mais je n'ai pas précisé ce que je faisais là avec Paul et Cyrille. Tout le monde a pensé que j'étais un assistant.

— Ils ne sont pas avec vous Julian et Romain ?! a demandé Cyrille, soudain un peu inquiet.

— Ah oui... Y a un souci avec leurs valises, a dit Warren Barguil, elles ne sont pas dans l'avion.

— Apparemment ça leur arrive souvent, a ajouté Tony Gallopin, l'escale est trop courte sur les vols internationaux à Charles-de-Gaulle quand on vient de Clermont comme eux. Elles sont sur le prochain vol, dans deux heures.

— Dans deux heures ?! Bon, eh bien ils vont les faire livrer à l'hôtel.

— Sauf que Julian et Romain ne veulent pas partir sans leurs valises, ils ont peur qu'elles arrivent une semaine après la course, ça s'est déjà vu. Ils ont toutes leurs fringues dedans, et leurs chaussures de vélo.

— Mais ils sont où là ?

— Bah ils attendent l'avion... celui qui arrive dans deux heures.

— Si on attend tous là, on ne pourra jamais faire la reco avant la nuit, a dit Paul.

— Oui c'est sûr, a répondu Cyrille, il faut que quelqu'un attende ici et ramène Julian et Romain à l'hôtel directement, tant pis pour eux et pour la reconnaissance de la partie en ligne, de toute façon c'est plutôt la fin de la course qui va les concerner. Du moins, j'espère.

— Du coup, qui reste là ? a demandé Paul.

Un ange passe (et un avion de chez Ryanair).

Alors, comme ces soldats qui montent au front au péril de leur vie, pour une cause qui dépasse leur modeste condition, je me suis sacrifié. J'ai dit, sublime, forcément sublime :

— Je vais attendre si vous voulez, je n'ai aucun impératif, alors que Paul et toi il faut que vous fassiez la reconnaissance avec vos équipes.

— Alors ça c'est sympa de ta part ! a dit Cyrille.

— C'est normal, attends...

Soyons honnête. Ça ne m'emballait pas plus que ça d'attendre Julian et Romain pendant deux heures dans un terminal d'aéroport qui sentait la bière tiède des lendemains d'Oktoberfest dans les courants d'air du début de l'automne. Et puis, Julian et Romain n'étaient pas ceux qui m'intéressaient le plus dans le sens où ils m'apparaissaient comme les deux leaders naturels de l'équipe de France et que mon livre s'appelle *Équipiers*... Pour me consoler, j'ai pensé qu'avoir les deux meilleurs coureurs français dans ma voiture, ce n'était quand même pas quelque chose que l'on vit tous les jours et que je pourrais le raconter plus tard comme un moment remarquable de mon existence. « Et là, papi a sauvé Julian Alaphilippe et Romain Bardet, tu sais les grands champions de dans le temps, sans papi ils n'auraient pas pu faire le championnat du monde et des millions de personnes auraient eu du chagrin. Papi s'est sacrifié ma chérie, oui tout à fait, il s'est sacrifié, pour la France. Tu te rends compte ? »

— On fait comme ça alors, je vais les appeler pour leur expliquer, a dit Cyrille.

Il a téléphoné à Romain et j'ai tout de suite compris qu'il se passait quelque chose, il a raccroché et a dit : « Ils ont trouvé une solution. Finalement, ils vont venir avec nous, ils vont signer un papier pour que Grégory récupère leurs valises... Ça ne te dérange pas ? »

J'ai pensé : *la lose,* mais bien élevé comme je suis, j'ai répondu avec mon plus beau sourire : « Mais non pas du tout, aucun problème. »

J'ai retrouvé Julian et Romain au comptoir Air France. Julian portait une casquette noire à l'envers sur la tête et Romain un sweatshirt gris brodé AMI en grandes lettres. J'ai été surpris de la taille de Romain que je voyais plus petit et je l'ai trouvé très beau. Ça m'a marqué et je l'ai dit plus tard à Amandine, son épouse.

On a signé les papiers pour que je puisse récupérer leurs valises et on a retrouvé tout le monde sur le parking. Les coureuses et les coureurs se sont répartis dans les voitures, il y avait pile le nombre de places. Les Skoda stickées FFC sont parties, j'ai fait un petit geste de la main, mais personne n'a répondu.

C'est alors qu'est apparu un homme aux cheveux longs et ondulés, le haut du crâne glabre. J'ai remarqué qu'il fronçait fort les paupières. Il m'a regardé droit dans les yeux, il a pris mon visage entre ses mains, il a hoché la tête et il a hurlé :

La solitude
La solitude
La solitude, la solitude, la solitude
La solitude

Je passe sur les détails techniques mais sachez que j'ai bel et bien sauvé la France puisque j'ai récupéré les valises de Julian et Romain. Je l'ai annoncé sur le groupe WhatsApp des coureurs auquel j'ai été ajouté pour l'occasion et Romain m'a répondu merci avec un smiley et Julian a écrit : « Merci, Greg ! » J'ai pensé qu'il avait fait l'effort d'ajouter mon prénom, peut-être de le demander à quelqu'un, et j'ai pensé que c'était vraiment chic de sa part.

J'ai pensé*: Julian Alaphilippe connaît mon prénom*, et j'étais fier. La vanité, c'est sans doute la forme la plus éclatante du manque de dignité. Et encore, je ne vous parle pas du message de Cyrille Guimard le soir venu, à 22h48, en même temps qu'il souhaitait bonne nuit à tous les coureurs, comme on fait aux enfants, où il écrivait que j'avais « joué le rôle du parfait équipier sachant se sacrifier, un vrai porteur d'eau ».

29.

ALBATROS, FORREST GUMP, LACTATE, TOP 11 ET BRIEFING.

On entendait le bruit des cales qui frappaient le béton et résonnaient contre les murs du couloir. C'est un son que tous les cyclistes connaissent, un tac tac mal assuré, arythmique, comme des sabots de plastique dur qui cognent, toujours sur le fil du faux pas. Certains, pour épargner le matériel, tentent la marche sur talon, et c'est la danse des canards pendant trois minutes. Je me souviens de deux cyclistes debout sur la route qui se battaient, de leurs coups de poings mal donnés, de leurs glissades sur le bitume entraînés par la vitesse de leurs crochets balancés trop large. Ils étaient ridicules.

Les chaussures et les cales en dessous pour le cycliste, ce sont les ailes pour l'albatros, elles les rendent comiques et laids lorsqu'ils sont au sol, exilés au milieu des huées.

Les princes des nuées c'étaient Julian, Romain, Warren, Tony, Alexandre, Rudy, Thibaut et Anthony. Les bruits sous leurs pas ont cessé après un dernier clac, quand la mâchoire de leur pédale automatique s'est refermée et a attrapé leur pied et leur corps tout entier avec. Ils sont sortis du sous-sol. Ils ont monté la petite rampe en danseuse, sur la droite, apparaissant en plein jour à la vue des photographes et des supporters qui les attendaient.

Arrêtés pour quelques minutes sur le parking de l'hôtel, les coureurs riaient, saluaient des journalistes-amis, signaient quelques autographes, réajustaient la jugulaire des casques flambant neufs que leurs équipementiers leur avaient fait parvenir pour l'occasion. Quelques-uns, par réflexe ou par superstition, ont vérifié la pression de leur boyau avant, en le serrant entre le pouce et l'index. Tous se sont laissés taquiner de bon cœur par Cyrille Guimard, qui rayonnait au milieu de ce gentil fouillis aux airs de rentrée des classes.

Nous sommes montés dans la voiture, Cyrille a pris le volant, il a demandé à Manu Brunet à côté de lui si toutes les options et alarmes anti-collision fournies avec ce genre de véhicules avaient bien été coupées et Manu l'a assuré que oui, ça avait été fait. J'étais assis à l'arrière, près de Mika, le mécano. Cyrille a démarré, il a pris à gauche, les coureurs l'ont suivi et tout le monde s'est arrêté deux kilomètres plus bas, avec les montagnes du Tyrol dans le dos, pour la photo officielle.

Cyrille a immortalisé le moment avec son téléphone portable avant de rejoindre ses gars et de poser à la droite d'Alexandre Geniez. Bras dessus, bras dessous, ils ont tous souri aux photographes comme on leur commandait de le faire. Mais c'est finalement une autre image, moins figée, où Tony est de dos, où Thibaut sourit en le voyant, où Warren, Julian et Rudy regardent au sol sans qu'on sache pourquoi, où Romain semble parler, où l'on voit la nuque d'Alexandre, et Anthony à côté de lui, qui a fait la une de la presse le lendemain.

Et puis, ça a été le départ pour trois heures de bicyclette. En petit peloton, huit jeunes gars, affûtés comme c'est pas permis, sur les routes en parfait goudron du Tyrol, qui discutaient de tout et de rien.

J'ai demandé à Cyrille si c'était dans ce genre de moment que l'équipe se construisait et il m'a dit que oui, mais que ça avait commencé il y a longtemps, qu'il s'y employait depuis des mois. Quand il a dit ça j'ai senti une sérénité immense dans sa voix, cette sérénité immense était si grande qu'elle nous a gagnés Manu, Mika et moi, elle nous a remplis d'allégresse. C'est le pouvoir des mots. C'est à eux qu'on fait dire ce qu'on veut, pas aux chiffres.

Des journalistes de la télévision filmaient les coureurs. L'un d'eux, caméra au poing, avait le cul posé dans le coffre ouvert du break gris conduit par son collègue, et ils avaient désigné le leader sinon sportif, du moins médiatique de l'équipe de France : Julian Alaphilippe, vingt-six ans, espiègle comme un môme, fort comme trois hommes. Ça lui faisait sept équipiers à Julian, et quels équipiers.

Je ne sais pas s'il existe beaucoup de sports où les liens entre le milieu professionnel et le milieu amateur sont à la fois si éloignés en termes de performance et si ténus pour ce qui est de la proximité que l'on peut avoir avec les champions. Il y avait des centaines d'amateurs qui roulaient sur le circuit (imagine-t-on des gars jouant à la passe à dix sur la pelouse du Stade de France deux jours avant la finale de 98 ?) en même temps que les professionnels.

En repérage dans son maillot de champion du monde, le Slovaque Peter Sagan ressemblait à Forrest Gump, avec les cheveux moins longs quand même, quand il court à travers les États-Unis accompagné de dizaines d'admirateurs.

De même, à chaque fois que le peloton de l'équipe de France doublait un cyclo, celui-ci, après s'être rendu compte de la réalité de la scène dont il était le témoin, se dressait sur ses pédales et au prix d'un sprint de quelques secondes rattrapait les roues des professionnels devant lui, et s'y accrochait de toutes ses forces.

Deux de ceux-là ont accompagné l'équipe de France pendant près d'une heure et demie, à l'arrière, sans parler, respectueux du travail des gars en bleu, jusqu'au centre-ville d'Innsbruck, quand les coureurs professionnels sont passés sous une banderole où était inscrit « HÖLL YEAH EVEN HARDER THAN HELL » (plus raide que l'enfer) et ont entamé la folle montée.

Quand ils ont commencé l'ascension du mur de Gramartboden et que les amateurs ont décroché, Manu a sorti son téléphone par la fenêtre de la voiture et a mis à fond la chanson d'AC/DC *Highway to Hell*, puisque c'était le surnom de cette bosse et de son passage à 28 %. Manu avait préparé son coup et on a tous souri. Je ne sais pas si les gars sur leur vélo pouvaient entendre la chanson.

On voyait la pente se faire de plus en plus forte au fil des hectomètres, les coureurs seuls, concentrés sur leur effort particulier semblaient se coucher toujours davantage à chaque tour de roue qu'ils gagnaient, comme écrabouillés par la gravité. Ils avançaient doucement.

Julian m'a confié ensuite qu'en découvrant la pente, il a pensé que c'était parfait pour faire des écarts. Il était content.

Cyrille et Mika ont fait un point sur les braquets utilisés par les gars, et sur la pression des boyaux.

— Il faudrait qu'ils arrivent ici avec 7 kilos de pression, a dit Cyrille, sur 260 bornes, ils vont perdre quoi ? 400 ou 500 grammes ?

— À mon avis, plutôt 200 ou 300 maxi, a répondu Mika.

— Alors il faudra gonfler à 7 kg 300. Et pour les braquets ?

— Ça devrait être 38/30 ou 38/31, Julian n'était pas encore sûr tout à l'heure.

La montée nous a tous impressionnés. La foule, à pied, était déjà grande qui admirait les champions à l'entraînement et on sentait partout le cramé des embrayages des voitures suiveuses.

J'ai promis de ne pas révéler les secrets de l'équipe de France pour ce qui est des stratégies menant à la victoire et je ne le ferai pas. Je peux tout de même écrire que rien n'a été laissé au hasard dans l'analyse de cette montée. J'ai eu accès à des échanges de mails où Cyrille envisage l'effort à produire en invoquant des principes mathématiques et physiques. Il a missionné Manu Brunet, dont c'est le champ d'expertise, pour comprendre les forces et les difficultés à l'œuvre dans ce type d'effort inhabituel pour les coureurs sur route. Pour cela, Manu s'est appuyé sur la littérature scientifique la plus poussée et la plus récente, notamment une thèse d'Anthony Bouillod dirigée par Frédéric Grappe. Ce travail en amont a été explicité aux coureurs pour la gestion de la dernière montée, que ce soit en termes de position (en danseuse ou assis), de pédalage (souplesse de la cheville notamment), de résistance à l'air, d'élévation de la masse, de production de lactate, ou de coût énergétique de la maîtrise de ses émotions. Je pense que c'est en partie ce qui a permis à Romain Bardet de grimper si parfaitement la bosse le dimanche puisqu'il a respecté à la lettre les principes physiques mis en évidence par la science, et rappelés par Manu et Cyrille.

Les coureurs l'ont escaladée deux fois ce vendredi, et ont repéré la descente dangereuse. Cyrille voulait appuyer sur un point important : pour gagner, il fallait arriver en vie.

À table, au moment du déjeuner qui a suivi, tandis que je regardais les yeux de Rudy comme vous le savez, les coureurs donnaient leur avis d'expert sur la qualité des cafetières de la marque Rocket et ça chambrait fort entre Tony et Thibaut. En parlant de la Vuelta, Thibaut a dit :

– Et Gallo a fini onzième de la Vuelta par ma faute. Il a inventé un nouveau concept, le mec : le top 11 !

Tony a rigolé comme les autres en finissant ses pâtes mais il préparait la riposte, la meilleure vanne des championnats du monde, qu'il a balancée pendant le briefing après le déjeuner.

– Ah ça chambre ! a dit Warren en s'adressant à Julian, c'était pareil y a quatre ans à Ponferrada.

– Comment tu veux que je le sache ? Y a quatre ans, moi j'étais en sixième, lui a répondu Julian du tac au tac en me faisant un clin d'œil.

J'étais mort de rire et à y repenser je rigole encore. Ce genre de petite vanne, la bonne humeur, la joie de vivre, c'est tout Julian. Après le café, les coureurs, Cyrille, Manu et moi sommes partis pour le premier briefing d'avant-course.

Aux Mondiaux précédents, à Bergen, le briefing avait eu lieu dans une salle trop grande, un peu lugubre, sans intimité, trop formelle. Cyrille a décidé qu'il ne voulait plus de ce genre de salle et il a organisé la causerie dans le lobby de l'hôtel en regroupant les vieux fauteuils et les canapés pour en faire un espace cosy et agréable, où les coureurs seraient proches les uns des autres pour favoriser les prises de parole de chacun. Car Cyrille avait une volonté : établir la stratégie en commun. Cyrille n'a rien du despote arrogant et tout-puissant décrit par les commentateurs ignorants. Il est tout le contraire, empathique, ouvert sur le monde, curieux et respectueux de l'avis de chacun, et sous ses airs parfois rudes il y a une grande tendresse mal dissimulée qui ne demande qu'à être vue, pour qui veut la voir.

Ne pas imposer ses choix mais construire la tactique ensemble. Tel était le désir de Cyrille. Parce qu'en tant que sélectionneur, il considère qu'il n'a pas à imposer une stratégie aussi arbitrairement que peut le faire un directeur sportif d'une équipe de marque dont les coureurs sont salariés.

Je crois que c'est aussi un moyen de faire adhérer la totalité d'un groupe, dont les individualités s'opposent tout le reste de la saison, à un projet commun. C'est habile du point de vue managérial : puisque la stratégie est établie ensemble, les responsabilités sont à la fois collectives et individuelles. Personne ne peut se défausser.

Lors d'une discussion que j'ai eue avec Jérôme Pineau, le manager de Vital Concept-B&B Hotels, il a tenu un peu le même discours, qui est assez révolutionnaire dans le cyclisme actuel. Il croit qu'on ne peut plus considérer les coureurs comme de « simples opérateurs ». Ils doivent être acteurs de leurs performances et de leur carrière, lui aussi parle de « responsabilisation ».

Pour faire passer son message, Cyrille s'est appuyé sur deux coureurs : Tony Gallopin et Anthony Roux. Ceux qu'on pourrait appeler les « cadres » de l'équipe si on reprend une expression de footballeurs (les cyclistes appellent les footballeurs les « footeux », il n'y a pas d'exception à la règle, c'est toujours ça, et j'y vois une petite pointe de condescendance), en cyclisme on parle plus volontiers de « capitaine de route ».

Tony a osé dire à Cyrille que le briefing des Mondiaux de Bergen en 2017 avait péché dans le sens où beaucoup des coureurs ne savaient pas exactement quel devait être leur rôle pendant la course. Comme me l'a expliqué ensuite Tony, aujourd'hui les rôles des coureurs sont presque toujours définis précisément avant chaque épreuve, c'est le cyclisme contemporain, on peut regretter le manque de prise de risques ou l'absence d'improvisation mais c'est la réalité. Parce que les enjeux financiers sont importants, parce que la spécialisation des coureurs est poussée à l'extrême, parce que la stratégie s'adapte à celle de la concurrence, et réciproquement. Sans parler des oreillettes qui, quoi qu'on en dise, et même si la vision du « coureur-PlayStation » est une caricature ridicule, ôtent du libre arbitre aux athlètes.

À Innsbruck, l'UCI a décidé d'interdire les oreillettes, c'est « la prime à l'intelligence » chère à Jean-René Bernaudeau. Et ce sujet de l'absence d'oreillette est venu très vite dans la discussion au cours du briefing car Julian, Romain, Tony, Alexandre, Rudy, Thibaut, Warren et Anthony sont des enfants des oreillettes, avec lesquelles ils courent depuis leurs années espoirs, voire même juniors. Et on sentait de l'inquiétude dans leurs questions. Cyrille les a rassurés en leur rappelant que toutes les équipes étaient à égalité sur ce point, qu'il avait toute confiance en eux, et qu'ils étaient intelligents. Ça leur a fait du bien d'entendre ça aux gars, surtout que dix minutes avant Cyrille avait fait remarquer l'air goguenard à Romain qu'il ne savait pas comment sprinter et en avait profité pour lui rappeler les principes que l'on apprend à l'école de cyclisme : laisser un mètre avec la roue de devant pour bien prendre l'aspiration et déboucher à la toute fin. Ça a fait rigoler tout le monde que l'on dise une chose pareille à un champion tel que Romain Bardet, et pour enfoncer le clou Cyrille a fait remarquer à Julian que lui ne savait pas s'abriter. Et Julian a promis qu'il y ferait attention dimanche. C'était comme en classe, au lycée, quand un professeur prend à partie un élève, les regards se croisent, narquois, la facilité pour le maître c'est de ne rien dire pour acheter la paix sociale, laisser chacun où il est. Les vrais passeurs n'ont pas peur de ce qu'ils ont à dire car ils savent qu'il en restera toujours quelque chose, et leur confort est secondaire. Cyrille Guimard est un vrai passeur.

Ensuite, les coureurs ont fait un point sur la difficulté du parcours, l'interrogation c'était le vent que l'on annonçait de dos pour dimanche. Thibaut a pris la parole pour faire part de son expérience, lui qui y avait couru en avril au Tour des Alpes. Il a dit :

– En avril, il y avait des mecs partout dans la bosse d'Aldrans...

– Qui a gagné déjà ? a demandé Cyrille.

Thibaut a pensé que Cyrille parlait du classement général et non de l'étape et il a répondu sur le ton de l'humour :

– C'est un mec qui marche, une machine le mec.

– Ah, c'est toi qui as gagné !? a répondu Cyrille, faussement naïf.

Et tout le monde en a rajouté en disant que « waouh, c'était trop la classe ». Thibaut a surenchéri :

– Eh ouais les gars, on a sorti Froome du podium.

Et Tony a sauté sur l'occasion pour prendre sa revanche sur la vanne du « top 11 », il a balancé à Thibaut :

– Dommage que t'aies pas fait la même un mois plus tard au Giro !

Et ça a été l'explosion de rire, Thibaut comme les autres. S'ils avaient osé, je crois qu'ils se seraient balancé les coussins des vieux canapés les uns sur les autres comme font les potes en se sautant dessus. Cyrille avait raison, le groupe était construit bien avant l'arrivée des coureurs en Autriche.

Tony a repris la parole et a demandé pour tout le monde :

– Alors, on court comment dimanche, Cyrille ?

Cyrille a donné sa vision du championnat. Pour lui, il fallait courir sur la défensive, c'était l'axe principal de sa stratégie, l'idéal étant que l'équipe de France arrive avec ses trois meilleurs coureurs au pied de la dernière montée. Jamais, au cours de ce Mondial, Cyrille n'a utilisé le mot de « leader » pour parler d'un membre de l'équipe. Il a précisé :

– Pour moi, on n'a pas intérêt à durcir la course. Quand on le fait, on ne sait jamais ce que l'on va retirer derrière. Tu mets des mecs à la barre, mais vingt bornes après c'est un mec de moins et ainsi de suite. On pourra éventuellement attaquer si on se retrouve dans une configuration où les autres leaders n'ont plus d'équipiers. Et si on dit qu'on va à l'abordage dans l'avant-dernière ascension, les gars qui auront tapé dans le lactate ne se referont pas avant la dernière bosse, c'est impossible. Je n'imagine pas construire un scénario de course comme celui-là aujourd'hui. S'il y a le feu, vous aurez l'intelligence de savoir par vous-même qui doit y aller, qui doit se sacrifier, qui on conserve pour le pied. À ce moment-là, la seule vérité c'est « j'ai les cannes ou je ne les ai pas » et à vous d'avoir l'honnêteté vis-à-vis du groupe de vous positionner. Là c'est vous qui aurez une prise de décision à faire car d'une part vous n'aurez pas les oreillettes, d'autre part ce n'est pas à ce moment-là qu'on vous fera passer une consigne. Donc voilà, moi je suis parti sur une stratégie défensive avec des possibilités de varier en fonction du déroulement de la course. Vous en pensez quoi ?

– Il y a quand même des nations à ne pas laisser sortir, a dit Warren.

– Le problème, c'est qu'il y en a beaucoup...

– Il y en a certaines à cibler.

– T'as les Italiens, les Hollandais, les Anglais, les Espagnols, les Colombiens, ça fait déjà pas mal, a noté Cyrille, ce qui est certain c'est qu'on ne pourra pas surveiller tout le monde. À mon avis, il faut cibler trois équipes à garder dans le peloton pour avoir du monde à rouler avec nous si besoin. On décidera ensemble lesquelles au brief' de demain, si vous voulez.

— Et s'il y a un gros coup qui part à 80 bornes ? a demandé Thibaut.

— Dans ce cas-là, il faudra analyser la situation, a répondu Cyrille, un gros coup ça peut éventuellement être la bonne place pour Warren ou pour Gallo. Tu crois pas, Tony ? Si t'as la forme comme tu l'avais à la Vuelta, dans un groupe comme ça je crois pas qu'il y ait grand monde qui puisse venir te chercher.

Tony a souri et a dit :

— Pour être clair, est-ce que quoi qu'il en soit on fait tout pour amener nos trois chefs de file au pied ? Ou bien est-ce qu'on peut jouer la gagne d'un autre gars s'il est dans l'échappée ?

— On peut jouer la carte de l'échappée si on est sûr que dans le groupe c'est le Français le meilleur, c'est tout, a répondu Cyrille.

— Ok, alors là c'est clair. Parfait.

Manu a pris la parole pour préciser que concernant la communication en course, le staff allait mettre en place un système de « panneautage » avec des codes couleurs et des informations chiffrées comme il l'avait fait à Glasgow pour les championnats d'Europe, qu'il fallait être vigilant à ça, que ça pouvait aider. Il a précisé qu'il fallait aussi attendre le retour de la course espoirs qui donne toujours des enseignements.

— On prendra nos responsabilités, on a une belle équipe, on fera le travail qu'il faut, a dit Anthony Roux.

Je crois que ça a été une phrase importante car ils se sont tous regardés sans rien dire, et Warren a ajouté :

– Oui c'est vrai, on se sacrifiera comme il faut le faire, l'équipe de France peut être championne du monde dimanche. Faut pas oublier ça.

« L'équipe de France peut être championne du monde. » En plaçant la nation au-dessus des coureurs, Warren a tout dit.

On s'est quittés là-dessus. Les gars ont regagné leur chambre, ils sont allés au massage, ils ont téléphoné à leurs proches et traîné sur Internet en attendant la conférence de presse de 19 heures. Cyrille leur avait dit juste avant la fin du briefing qu'il n'avait pas de consignes particulières pour cette conférence de presse, même si on savait bien que ce qui reviendrait immanquablement, c'était la question des égos et du leadership. Cyrille a simplement précisé qu'ils n'étaient pas obligés de répondre à toutes les questions, c'était à eux de voir. Là encore, il les mettait face à leurs responsabilités.

Voilà comment on faisait de nos plus grands leaders des équipiers d'un jour : en les laissant parler, en leur faisant confiance, en ne les infantilisant pas. En les considérant comme des hommes honnêtes, responsables de leurs performances. Et pas « comme de simples opérateurs ».

30.

POOL, JOËL, BRANLÉES, LE GRAND TONY, RESPONSABILITÉS ET LUXE.

Sylvie Pasqualin avait décidé d'organiser la conférence de presse sous forme de « pools », les coureurs seraient interviewés par des journalistes qui tourneraient de table en table pour plus d'intimité et moins de formalisme. Ils sont arrivés en avance et parlaient entre eux des questions de leadership et d'égos, de la forme de Julian. J'ai pu discuter avec certains et notamment Jean Montois, le reporter sport de l'AFP qui m'a raconté son parcours sur les routes, une vie entière à raconter celles des coureurs.

Romain, Julian et les autres sont descendus en jogging de l'équipe de France, ils étaient détendus, prêts à faire leur job qui est aussi de savoir communiquer. L'un des meilleurs pour ça est Tony Gallopin. Il faut dire que Tony est un homme d'expérience, qui a le charisme de ceux qui ont gagné, mais aussi le talent de savoir se mettre au service d'un autre s'il le faut, si c'est ce qu'on attend de lui.

L'équipe de France occupe une place importante dans la carrière de Tony : il y a couru dans toutes les catégories de jeunes, a participé aux courses internationales espoirs, aux Mondiaux, aux Jeux olympiques… Bernard Bourreau est un de ceux qui lui ont fait confiance en premier, jusqu'à tenter de jouer la gagne avec lui aux championnats du monde 2014 à Ponferrada puis 2015 à Richmond. Tony le dit : « L'équipe de France, j'ai ça en moi. »

À la différence d'autres coureurs professionnels, les premières années vélo ont été difficiles pour Tony et il a pris des sacrées branlées, gamin, largué tous les dimanches, avec le speaker debout sur la remorque qui ne manquait jamais de rappeler que le petit Tony était le fils du grand Joël, coureur pro pendant cinq saisons, quatre Tours de France dans les guiboles et des dizaines de victoires en amateur.

On entend d'ici les gens et leur bienveillance à géométrie variable regarder le petit Tony, dix ans, en surpoids, et dire que c'est pas la même chose que le père, qu'il ferait mieux de se mettre au foot ou au basket le môme, pour ne pas avoir à subir la comparaison.

Tony me dit que ce n'était pas facile bien sûr, mais qu'il a réussi à surmonter ça parce que son père n'était pas le genre à l'engueuler sur le bord de la route, ou à le traiter de feignasse ou de petit gros, comme d'autres parents ne se gênaient pas pour le faire avec leurs gamins.

Tony n'a pas renoncé. Il a continué à se prendre des branlées tous les dimanches jusqu'à ce que son corps finisse par se mettre au diapason de sa volonté. Il a maigri et dès cadet les efforts qu'il produisait désormais lui permettaient de rivaliser avec les meilleurs, et les tôles qu'il avait prises les années d'avant lui avaient forgé un mental de crève-la-faim, « inlarguable » (le mental de gagnant, le vrai, celui dont parlait Perrig Quéméneur).

Dès lors, on voyait le nom de Gallopin et le prénom de Tony immanquablement à la fin des journaux régionaux, section sport, chaque lundi matin. Et on disait qu'il était bien comme son père.

Sur le site de l'INA, on trouve une vidéo où Gérard Holtz, sapé comme pour aller au mariage du beau-frère, lance un reportage sur un gamin dont on va entendre parler c'est sûr, le petit Tony Gallopin, fils de son père et neveu de ses oncles, pour ce qui est de l'état civil on est au taquet, et troisième des derniers championnats du monde juniors.

Dans la vidéo, les frangins Gallopin ouvrent une grande valise pleine de maillots en laine et font parler le textile pour évoquer leurs souvenirs comme on fait en regardant des vieilles photos dans l'album qu'on a sorti de l'armoire pour sourire, en se rappelant comme c'était bien ce temps-là.

Je me demande si un jour Tony ouvrira la sienne de valise pour montrer ses maillots et ceux de son épouse Marion à l'occasion d'un reportage sur leur fils à eux, le petit Gallopin lui aussi (je leur conseille de l'appeler Marcel mais ils font comme ils veulent) qui marche du feu de Dieu et dont on va encore entendre parler, c'est sûr. Le petit dernier d'une sacrée dynastie de coureurs. Les Gallopin, mais dans le peloton on dit « Gallo ».

S'ils le font, on verra à l'image, dans la valise qui se déploie, dégueuler les maillots blancs de Marion, ceux de son équipe de Vienne-Futuroscope. En boule, quelque part, il y aura ses maillots tricolores de championne de France, et au fond les rouges de la Lotto-Soudal ou de la Lotto-Belisol, les mêmes que son mari, mais plus petits.

Et puis on verra aussi les lycras de Tony, ceux ciel et terre d'AG2R La Mondiale, ceux de RadioShack, de Cofidis ou encore d'Auber 93, on remontera le temps avec eux.

Mais le plus beau, dans la valise, ce sera le maillot tout jaune, celui du Tour de France.

Le gamin de Tony et Marion l'aura sûrement déjà porté quand il était encore plus petit. Parce qu'il aura fouillé comme font toujours les enfants et enfilé la tunique du héros, bien trop grande pour lui. Elle lui aura pendu jusqu'aux orteils et tout content, il sera allé trouver son père, le grand Tony, pour dire : « Hey, regarde papa, j'ai une robe jaune ! »

Alors Tony lui aura montré la vidéo du jour où il a endossé ce maillot, pile à sa taille, pour de vrai, en 2014, et que la maman du petit (Marcel ou autre), Marion, avec ses cheveux blonds ondulés à l'anglaise, sur le côté du podium près de son amoureux, pleurait de joie.

Quand on pense à ce qu'est un équipier, on ne pense pas d'emblée à Tony, parce que son palmarès est grand et qu'il est l'un des coureurs français les plus populaires du peloton. Tony est ce qu'on pourrait appeler un saisonnier : il est tantôt équipier, tantôt leader.

Ce concept, quand il est appliqué aux entreprises, est appelé « la méthode agile ». Par exemple, une même personne peut se retrouver directeur sur un projet, et simplement contributeur ou responsable sur un autre. Cette faculté à s'adapter aux contraintes rend la société plus performante car elle s'adapte vite et fort aux défis du marché et augmente la valeur du collaborateur. Les meilleurs dans ce domaine sont sûrement l'équipe Quick Step, au sein de laquelle chacun des coureurs est capable d'endosser tour à tour, et surtout sans état d'âme, le rôle de leader ou celui d'équipier en fonction des circonstances et des demandes du manager.

C'est sans doute le père de Tony, qui était lui un pur équipier, qui lui a permis d'endosser ces deux rôles, en lui transmettant le respect des anciens et celui des leaders.

Et si Tony se met au service d'un autre, il le fait sans arrière-pensée, avec honnêteté et dévouement.

Il n'a jamais prétendu à ce qu'on mette une équipe entièrement à son service car il considère que pour cela, il lui aurait fallu gagner des grandes classiques, et acquérir la légitimité du leader total avec ses jambes. Lorsqu'il est désigné leader, il court avec un ou deux équipiers à ses côtés, des hommes en qui il a confiance et dont il comprend le travail pour le faire lui-même encore souvent. Chez AG2R La Mondiale, pendant la Vuelta 2018, l'équipe s'est mise toute entière à son service, même s'il n'a rien réclamé, ce sont ses jambes qui ont parlé pour lui.

Un jour, je demande à Tony, qui a travaillé pour Cancellara, les frères Schleck et tant d'autres fameux coureurs, si c'est facile de courir avec un leader comme Romain Bardet et il dit : « Avec Romain c'est facile car avec Romain, ça va toujours. Il est fort mentalement, il est fort physiquement. Tu ne peux qu'être respectueux de son travail et tu sais qu'il va répondre présent. Si tu veux le placer, il va être placé, il frotte, il fait tout comme il faut... Ce n'est pas un mec qui se plaint. C'est un des leaders les plus simples avec lesquels j'ai travaillé. »

Et quand je l'interroge pour savoir comment il ose dire les choses à Cyrille Guimard, notamment sur la stratégie ou sur ce qui n'a pas fonctionné à Bergen, il répond : « Si moi je ne le fais pas, qui le fera ? Je connais Cyrille depuis longtemps, il connaît la famille, je suis en confiance avec lui. Je sais que je peux lui dire les choses. C'est ça aussi le rôle de ce qu'on peut appeler un "capitaine de route", je suis le plus âgé du groupe avec Anthony, j'ai tout fait avec l'équipe de France. Courir dans le flou, ça marche pas bien. À un moment donné je dois poser les questions qu'on se pose tous et prendre mes responsabilités. »

Il les a prises pendant tout le Mondial, sans arrière-pensée, avec honnêteté, dans le respect des valeurs transmises par son père et par ses oncles et auxquelles il est fidèle. Quand je pense à Tony désormais, et aux courses où il est équipier, je me dis que l'expression « équipier de luxe » prend tout son sens, car le luxe ce n'est pas le prix, mais la rareté, et Tony est un coureur rare.

31

LA COURSE.

Les spectateurs venaient du monde entier, marchant sur le même bitume, des drapeaux de tous les continents ondulaient sous l'effet d'une brise toute légère. On voyait partout flotter des étendards de provinces inconnues. Les gens venaient de Colombie, de Bavière, de Glasgow, d'Oslo, de Lituanie, de Slovaquie, de Catalogne, d'Ottawa ou encore de Russie. Certains disaient que plus d'un million d'Italiens feraient le déplacement pour assister au sacre de Nibali ou de Moscon. Les camping-cars les plus rutilants étaient réunis en troupeaux immobiles. Les hôtels affichaient complet depuis des semaines et les amis étaient venus dormir chez les habitants du coin pour ne pas manquer l'événement. La foule des grands jours était partout sur le bas-côté, des grands-parents, des parents et leurs enfants, casquette sur la tête, bonnes chaussures aux pieds, le cœur rempli par l'espoir de voir la victoire de leur favori. Sur le circuit on parlait anglais, allemand, français, japonais, espagnol, portugais, roumain et des tas d'autres langues encore. Tous s'étaient massés pour encourager les meilleurs cyclistes de la planète. On croyait en Faria da Costa, on espérait Alaphilippe ou Woods, on craignait Quintana et Dumoulin, on annonçait Valverde, Yates ou Bardet. On rêvait de Kreuziger. Les techniciens de la télévision étaient à leurs postes, caméra au bout des doigts depuis tôt le matin, ils avaient vu la brume s'évanouir pour laisser place au soleil qui s'élevait doucement au-dessus des pics montagneux et sans neige. Les bénévoles du comité d'organisation avaient vérifié la bonne attache des banderoles, l'absence de gravillons sur la route, le juste affichage des panneaux. Tout était prêt.

À l'hôtel de l'équipe de France, à 6 heures du matin, les mots étaient rares. Tout le monde était concentré sur sa mission. Les coureurs prenaient leur petit déjeuner en silence. Ils se représentaient par avance la course, anticipaient ce qui pourrait advenir, considéraient les forces en présence, se préparaient à assumer le rôle qu'on leur avait confié.

Le jour d'avant, ils avaient reconnu une dernière fois la partie du circuit qui s'annonçait cruciale. Cyrille Guimard avait insisté pour faire encore la descente, pour en repérer les dangers et les fourberies, il avait même proposé aux coureurs d'y aller en voiture s'ils préféraient ne pas rouler. Mais tous voulaient rouler, pour dompter le raidar, pour le maîtriser, pour qu'il soit à eux.

Nous sommes montés dans le break de la fédération avec Mika. Cyrille en a pris le volant. Pierre-Yves Chatelon s'est assis côté passager.

Pierre-Yves connaît tous les coureurs pour les avoir sélectionnés chacun dans les catégories de jeunes. Le seul qui a échappé aux fourches caudines de la détection fédérale est Alexandre Geniez. Mais PYC se souvient des premiers tours de pédales en bleu de Thibaut Pinot et de Romain

Bardet, de ceux de Rudy Molard et d'Anthony Roux et s'amuse en repensant au gamin qu'était Julian, qui le remerciait à chaque fois qu'il le croisait pour l'avoir intégré à un stage de cyclo-cross du côté de Périgueux.

La foule était compacte ce samedi matin et nous n'avons pas pu suivre longtemps les coureurs qui se frayaient un passage au milieu des supporters qui déambulaient dans la ville ou s'installaient en prévision de l'épreuve des élites femmes. Ce fut encore pire arrivé au pied de la dernière montée que n'empruntaient pourtant pas les féminines. Mais les gens voulaient voir à l'œuvre les champions à la veille de la grande confrontation.

Cette foule nous inquiétait en prévision du lendemain, l'organisation parviendrait-elle à la juguler ? Risquait-on l'attroupement et le blocage pur et simple de la course ? On pensait à Froome, sans bicyclette et désespéré, les yeux ahuris derrière ses lunettes de soleil, à pied sur le goudron brûlant du Ventoux.

Les Bleus étaient engagés dans la montée depuis longtemps quand notre voiture a été arrêtée par des civils qui nous ont fait signe de rebrousser chemin. Un homme s'est approché de Cyrille, l'a reconnu alors qu'il baissait la vitre et a dit : « Hey, Guimard ! » avec un accent anglais. Il a ajouté dans la même langue qu'il y avait eu un accident, que les pompiers arrivaient. Ça a été l'inquiétude, les oreillettes ne passaient pas et nous avons tous craint la chute d'un des coureurs français.

Pierre-Yves est descendu de la voiture et je l'ai accompagné pour vérifier s'il y avait ou non un problème. Et pour la première fois j'ai éprouvé la déclivité réelle de la pente, ce à quoi les coureurs seraient confrontés le lendemain. PYC marchait devant moi et, tandis que mes mollets se raidissaient et que mes chevilles prenaient un angle impossible pour atteindre le sommet, je voyais les quadriceps de Pierre-Yves s'ourler sous son jean. J'ai pensé que c'était trop dur. Que jamais on ne pouvait faire de course sur une pente si raide, que l'on pouvait déjà s'estimer heureux d'arriver en haut, et j'ai compris toute la différence qui existe entre le reste du monde et les coureurs, entre les humains et les héros.

Nous avons croisé Guillaume Di Grazia et Jacky Durand qui faisaient des images. Guillaume Di Grazia a fait remarquer à Pierre-Yves que ce serait « quelque chose quand même, cette bosse ». « Un sacré chantier », a ajouté Jacky Durand tandis que les spectateurs continuaient de monter en respirant fort et en appuyant les mains sur leurs cuisses pour faciliter leur marche.

Nous avons entendu, au loin, la sirène des pompiers, sans savoir à quoi elle correspondait. Peu après, la voiture conduite par Cyrille nous a rejoints et nous sommes remontés à l'intérieur. Nous n'avons jamais su ce qu'il s'était passé.

Cyrille et Pierre-Yves étaient d'accord sur une chose : l'importance de la fin de la côte, les trois cents derniers mètres, et du faux plat qui suivait. Ce n'était pas réellement un faux plat mais il apparaissait comme tel avec ses 8 % comparés aux pourcentages faramineux juste avant. Cyrille a dit : « Celui qui est capable de remettre deux dents de moins et d'attaquer précisément là, s'il est assez lucide pour descendre sans tomber, il a course gagnée. »

Nous sommes rentrés à l'hôtel sans plus voir aucun coureur français. PYC et Cyrille devisaient de la course, parlaient de la stratégie, se rappelaient l'un à l'autre des anecdotes, donnaient leur avis sur tel ou tel coureur, ou interrogeaient Mika sur la mécanique.

Dans le sous-sol, Cyrille a fait un point avec les assistants sur les ravitaillements et, peu après, les coureurs sont arrivés par petits groupes. Ils ont donné leurs impressions à Cyrille et sont montés se doucher.

Tout à coup, on a entendu quelqu'un rigoler et crier : « Attention, j'arrive ! », c'était Julian, joyeux comme c'est pas permis, qui descendait la rampe du sous-sol à toute vitesse. Pour s'amuser, il a freiné de l'avant, préparant une pirouette, mais sa roue a chassé, il a perdu l'équilibre qu'il a rattrapé in extremis et il s'en est fallu de peu pour que son championnat s'arrête le samedi. Je crois que même lui a eu peur, mais il l'a bien caché.

« C'est nickel les nouveaux braquets, merci ! » il a dit à Mika en continuant de sourire et de rigoler, et il est parti prendre sa douche, comme s'il revenait de la plage. Quel personnage.

Nous avons déjeuné tous ensemble. Les coureurs trouvaient que « finalement, la bosse, ça se passe ». Ces mecs sont dingues.

En début de soirée, les coureurs, Cyrille et Manu se sont rejoints pour le dernier briefing, dans la chambre de Manu. J'étais assis parmi eux dans un coin de la pièce pour les écouter définir la stratégie qui devait reprendre les principes de la veille, en les affinant.

Cyrille est revenu sur les grands axes tactiques de la course.

« On reste sur l'idée d'une course défensive. Nous devons privilégier la réaction à l'action. Ce ne sera pas à nous de durcir la course qui sera longue par ailleurs, 265 kilomètres, une sélection naturelle va s'opérer. L'objectif est de placer nos meilleurs coureurs au pied de la dernière montée, pour cela il faut que les équipiers lissent l'effort. J'insiste sur un point : l'avant-dernière montée, celle d'Igls, car il faudra être placés avant même le début de la descente et surtout le rester en ville. Il faut qu'on décide des équipes que l'on garde avec nous, à qui on interdit de prendre l'échappée pour pouvoir rouler à nos côtés si besoin. Si un de vous tente un coup, il devra être gagnant ! Pour moi, la course se jouera dans les trois cents derniers mètres de la montée, c'est là qu'il faut en mettre une pour celui qui aura les jambes. C'est là que les écarts se feront. Anthony et Tony seront nos capitaines de route. Ce sont des mecs d'expérience, qui sentent la course. Je leur fais toute confiance. J'insiste sur le rôle des équipiers. Votre travail sera essentiel, à vous de prendre vos responsabilités. Y a même des gens qui veulent écrire des livres sur vous ! » il a dit, en me faisant un clin d'œil.

Les coureurs et Cyrille ont désigné trois équipes : la Grande-Bretagne, l'Espagne et l'Italie. Il fallait en avoir toujours une des trois au côté de la France pour rouler et revenir sur les échappées si nécessaire. Ce serait aux équipiers de faire en sorte que cela se passe de cette façon.

Pendant tout ce briefing qui a duré un peu moins d'une heure, ceux qui ont le moins pris la parole furent Julian et Romain. Ils paraissaient aussi les plus concentrés et Julian était loin du garçon qui avait fait une pirouette sur son vélo cinq heures avant. Il a dit à un moment : « Si je ne suis pas bien, je le dirai. Si je suis bien, je le dirai aussi. »

Manu a expliqué le dispositif de communication pendant l'épreuve en l'absence d'oreillette. Cyrille, Pierre-Yves Chatelon et Mika seraient dans la voiture 1. Des panneaux portés par des membres du staff indiqueraient sur le circuit final les écarts et toutes les informations utiles. Enfin, des assistants équipés d'un système de relais avec des radios HF seraient présents dans toute la montée de Gramartboden pour donner des indications si nécessaire. Ils seraient identifiables par leur chasuble de l'équipe de France.

Cyrille a repris la parole : « Il y a aussi des facteurs de succès indispensables. Le premier, c'est le calme, qu'on peut associer à l'intelligence de course. Les capitaines de route sont là pour ça, tant qu'ils sont à vos côtés. Dans la dernière montée, nos pièces maîtresses seront sûrement seules. Chaque tour de pédale doit être productif. Pensez à bien maîtriser vos émotions, mentalisez-vous en ce sens. Vous avez eu des mails concernant la gestion de la dernière montée, et l'impact de l'émotionnel sur la performance. Relisez tout ça tranquillement si vous voulez. Et parlez-vous. »

Tout le monde a dit ok. Et sans autre forme de cérémonie, les coureurs sont partis dîner.

Je suis descendu aussi et j'ai croisé Paul Brousse qui était déçu car malheureusement l'équipe de France féminine qu'il dirigeait venait de terminer loin de la victoire. Je lui ai proposé qu'on boive une bière ensemble et on a discuté longuement. Je lui ai demandé ce que ça lui faisait d'être sélectionneur de l'équipe de France féminine, j'ai ajouté : « C'est beau, non ? » Et il a répondu : « T'imagines pas, Nicolas » (il s'est trompé entre mon nom et mon prénom environ trente fois pendant le Mondial, et encore l'autre jour dans un message qu'il m'a envoyé, mais c'est impossible de lui en vouloir).

Ensuite, il m'a parlé de sa première sélection en équipe de France alors qu'il n'était que junior. C'était un des plus beaux jours de sa vie, son menton durcit quand il raconte ça et on comprend comme c'est vrai. Il a voulu leur dire aux filles de son groupe qui, pour beaucoup d'entre elles, sont sélectionnées invariablement chaque année en équipe nationale : ne jamais s'habituer. Ne jamais oublier l'honneur qui est fait à l'athlète qui porte le maillot du pays qui lui a permis d'aller à l'école, qui le soigne quand il est malade, qui lui enrobe en beau goudron des routes pour s'entraîner, et érige des bibliothèques. Ne jamais oublier la rareté, et aussi la beauté de la chose. Car lui, Paul, n'oublierait jamais cette émotion qu'il avait eue, au petit matin du 14 juin 2001, quand il passa pour la première fois sa tête dans le col du maillot à liseré bleu, blanc, rouge brodé sur les épaules, le même que les pros, et qui continuait de l'envahir dans l'hôtel d'Igls dix-sept ans après, à sa simple évocation.

Je ne suis pas monté dans le bus le jour de la course. Je ne sais pas où ils étaient assis, je ne sais pas ce qu'ils se sont dit. Peut-être qu'ils ont ri, peut-être qu'ils se sont tus, peut-être que l'un d'eux a dit une chose qui a galvanisé les autres…

J'imagine Cyrille à côté d'Alexandre. La musique de la Bouse. La route. Le circuit remonté à contresens. Je vois le bus qui se gare et s'immobilise sur le parking de Kufstein. Les coureurs se lèvent, détendent leurs si fines jambes qui doivent mener l'un d'entre eux vers la gloire.

Cyrille se lève aussi, regarde en arrière. Ses huit hommes sont là. Je parierais qu'il fait une blague ou deux. Il donne les derniers conseils. Je pense aussi aux regards qui se cherchent et aux corps qui se frôlent.

Puis, chacun finit de s'habiller, serre ses chaussures comme il en a l'habitude, ajuste la jugulaire de son casque et la mollette derrière, enfile manchettes et jambières pour se protéger de la fraîcheur de ce petit matin de septembre, descend du bus comme on entre dans l'arène, et enfourche sa bicyclette.

Quand j'écris ça, pour une raison que j'ignore, le coureur que je vois est Anthony Roux. Le champion de France.

Je me rends compte, alors que ce livre s'achèvera dans quelques pages, qu'Anthony résume à lui seul une grande partie de mes lignes d'avant. Comme Axel, il a connu les sévères chutes et les blessures. Comme Pierre, il a connu l'ivresse des grandes victoires. Comme Rudy, il a dominé la meute du peloton, c'était en 2009 sur la Vuelta. Comme Geoffrey, il est de ces personnes généreuses qu'il faut laisser venir à soi malgré la rareté de leur parole. Comme Perrig, il est l'un des seuls champions juniors de sa génération à être passé professionnel et à avoir eu une longue carrière. Comme Clément, sa vie ne s'arrête pas au cyclisme, il est riche de mille choses. Et c'est Anthony qui a fait taper aussi fort sur son guidon le frère de Jimmy, quand il l'a battu au championnat de France 2018.

Anthony, qui est professionnel depuis plus de dix ans, a vu évoluer son sport et par là même son équipe. Car avant l'arrivée de Thibaut Pinot et Arnaud Démare, la Française des jeux courait sans leader. La stratégie s'adaptait à la forme de chacun et on pouvait avoir sa chance à tour de rôle. Avec l'arrivée de Thibaut et d'Arnaud, la doctrine a changé car ces deux hommes étaient tout à la fois performants au niveau international et capables d'endosser la charge de leader et la pression qui va avec. Avec eux, il a fallu que le groupe s'adapte, certains sont devenus de purs équipiers, uniquement dévolus à la réussite de Thibaut ou Arnaud, d'autres, comme Anthony, continuent de pouvoir tenter leur chance sur quelques courses. Mais la « Française » est devenue de fait une équipe avec des leaders, et donc avec des équipiers.

Des équipiers, Thibaut Pinot en avait à ses côtés pendant la terrible vingtième étape du Giro 2018. Ils étaient près de lui, l'entourant comme des grognards autour d'un vieux général défait. À l'agonie sur son vélo, Thibaut ne voulait pas renoncer même s'il savait que ce Giro, dont il avait pris le départ trois semaines auparavant pour le remporter, lui échappait définitivement dans les Alpes italiennes qu'il aime tant.

Anthony se souvient, dans les premiers cols de ce jour triste, des insultes de Thibaut à qui voulait l'aider. Puis, à la fin, des silences de Thibaut lorsque, n'en pouvant plus, il finit par accepter que ses équipiers le poussent pour atteindre la ligne.

Après, ce fut tout aussi terrible. Anthony, avec d'autres, a pris soin de Thibaut comme on ferait avec un enfant. Ils l'ont déshabillé, ils l'ont douché, tandis que Thibaut, par la faute de ses poumons atteints, brûlait de fièvre, n'en finissait pas de cracher et de tousser. « C'était dur de finir comme ça, on avait déjà eu beaucoup d'émotions les étapes d'avant. De voir mon leader dans cet état, de s'occuper de lui comme on l'a fait, c'était vraiment spécial. On avait tous peur pour lui. Au tout début de l'étape, on allait le voir pour essayer de l'aider, il t'envoyait chier, il t'insultait, Thibaut il est comme ça, dans la rage, il faut le dompter. On l'a laissé, on est restés près de lui sans rien dire… Il nous a remerciés après, mais sur le coup c'était tellement dur. Franchement, on a vécu un truc, les huit qu'on était. En plus, on était un bon groupe, les jours d'avant ça marchait super bien, les rôles des équipiers coulaient de source, à la limite il n'y avait même pas besoin de briefing pour attribuer les responsabilités. Si un équipier ne faisait pas le boulot parce qu'il n'était pas bien ce jour-là, un autre le remplaçait automatiquement, et ainsi de suite, on sentait les choses, qui devait faire quoi, ça se déroulait à la perfection. On était venus pour gagner, c'est vrai… mais ça n'a pas marché. »

Anthony est d'accord pour dire que les sentiments que l'on a pour un leader aident à la performance, alors on envisage sans peine la qualité de son travail auprès de Thibaut quand Anthony dit tout simplement : « Thibaut, je l'aime quoi. »

L'ascenseur émotionnel qu'est une vie de coureur a été porté à son paroxysme quand Anthony est devenu, cinq semaines plus tard, champion de France. « C'est tant de sacrifices personnels. Gagner une grande course, c'est si rare, si intense. Champion de France, c'est un truc de fou. J'ai vécu une journée de rêve. J'ai jamais autant chialé de ma vie que ce jour-là. J'étais dans la joie pure, les larmes coulaient sans que je fasse rien pour les arrêter. J'étais sur un nuage, je flottais. Quand tu veux un truc depuis tellement longtemps, que tu le rêves, que tu arrives presque à le toucher mais sans jamais l'atteindre, le jour où tu y arrives, au bout de tant d'années, il y a plein de choses qui ressortent. C'est magique. »

Anthony est un homme à fleur de peau qui a l'audace d'assumer ses sentiments, et quand il parle de son père, on entend aussi le fils, le petit gamin, qui a commencé le vélo pour faire comme son papa. « J'ai une grande gueule mais je suis hyper sensible, c'est vrai. Il n'y a pas que dans le vélo : j'étais au pot de départ à la retraite de mon père, il y a quelque temps. Mon père était pompier, je suis allé à la caserne pour son dernier jour. Quand t'as toujours vu ton père pompier, depuis que t'es tout petit, et que tu sais qu'une page se tourne, c'est hyper émouvant. Le fait d'être sensible n'est pas un défaut, même si j'ai eu du mal à l'accepter. Quand t'es un homme, parfois, tu te dis que tu ne devrais pas pleurer mais désormais je ne m'en empêche pas si j'en ai besoin. C'est mon caractère, je le comprends petit à petit. Et en ce qui concerne le maillot de champion de France, c'est un maillot qui dépasse l'homme. Le bleu, le blanc, le rouge, ça représente beaucoup de choses. Ce sont des couleurs importantes. On est en 2018, cent ans après la fin de la Première Guerre mondiale et moi je suis né à Verdun... Tu vois le symbole, c'est pas compliqué à comprendre. J'ai quand même toujours un peu vécu avec ça, depuis gamin. Tout autour de la ville, il y a les bois défoncés, les restes des tranchées, on a une conscience des choses dès l'enfance. C'est aussi pour ça que je suis si fier de porter ce maillot et de courir pour mon pays. »

La course des championnats du monde à peine lancée, une échappée de onze coureurs est partie à l'avant. L'équipe de France a pris ses responsabilités d'entrée et c'est Anthony qui s'est positionné à l'avant du peloton et a roulé sans faiblir pendant des dizaines de kilomètres. Plus de cent cinquante kilomètres. « Ce jour-là, a dit Cyrille, Anthony était fort pour deux. »

L'échappée a compté jusqu'à dix-sept minutes d'avance mais on savait qu'en raison du tracé elle finirait par être reprise, qu'elle serait comme diluée par l'intensité de la difficulté.

Anthony assumait donc son rôle à la fois d'équipier et de capitaine de route au service de son leader. Car s'il est vrai que Cyrille n'a jamais désigné formellement de leader pour ces championnats, il y en avait pourtant un, et un seul. Et j'affirme que le leader, c'était Julian.

Je crois que comme la Bouse influence par sa personnalité et son travail les autres assistants, Julian influence les autres coureurs. Car Julian est solaire, il éblouit par son talent, par sa joie de vivre, par sa force de travail, par ses résultats, par la capacité qu'il a de prendre ses responsabilités. Thibaut, Romain, Anthony, Warren, Rudy, Alexandre, Tony, à ses côtés, alignés sur un parcours tel que celui-là, n'avaient pas d'autre choix que d'être souriants, détendus, chaleureux, guerriers. Ils n'avaient pas d'autre choix, surtout, que d'être ses équipiers. C'était nécessaire. Ça ne pouvait pas ne pas être. Il n'y eut jamais besoin de le formaliser, ça s'était imposé à chacun, et à Julian tout d'abord.

Le premier accroc dans le plan mis en place par Cyrille et les coureurs est intervenu à une centaine de kilomètres de l'arrivée lorsque Warren a chuté et a abandonné. Warren n'avait pas encore travaillé pour Julian, puisque ses qualités de grimpeur devaient l'amener à jouer un rôle dans les derniers kilomètres de l'épreuve.

Nous étions postés à trois kilomètres de l'arrivée avec Manu, Paul et Gwenaëlle Madouas, une des deux médecins de l'équipe de France, quand nous avons été informés par la radio de l'abandon de Warren. Manu a écrit à l'attention des coureurs sur son grand panneau blanc : « WARREN OUT ». Le peloton est passé devant nous, avec encore Anthony à sa tête. Julian était dans la roue de Romain qui lui-même était protégé par Rudy.

Quelques kilomètres plus loin, c'est Tony qui a pris les choses en main, l'avance des échappés était inférieure à sept minutes désormais. Anthony et Alexandre se sont relevés et ont roulé avec Peter Sagan dans la longue montée vers Igls où le peloton n'en finissait pas de fondre sous l'effet de la pente et de la vitesse imposée par les équipiers. Les coureurs étaient « aspirés par l'arrière », cette réalité terrible, ce sentiment de ne plus être bon à rien, que décrivait Perrig quand il évoquait le début de sa carrière.

Les premières contre-attaques ont été lancées à soixante-quinze kilomètres de l'arrivée par les Italiens et par les Suisses. Les coureurs étaient dans les trois derniers tours. Tony, à l'avant, maîtrisait la fougue de ses adversaires, les condamnait à demeurer dans le peloton, jouait parfaitement la stratégie de la défense voulue par l'équipe de France.

Jamais, de toute la course, la Grande-Bretagne, l'Italie et l'Espagne, les équipes désignées par Cyrille et les coureurs, n'ont pu se retrouver à l'avant sans l'équipe de France, car elles en ont été empêchées.

Tony aurait dû se relever à une cinquantaine de kilomètres de l'arrivée, mais l'absence de Warren a fait qu'il s'est dit qu'il ne pouvait pas abandonner l'équipe, et il a poursuivi ses efforts, tour après tour, kilomètre après kilomètre, lui aussi fort pour deux. Les fermetures Éclair des maillots du monde entier ne cessaient de s'abaisser pour donner un peu d'air aux corps transpirants.

Après Peter Sagan, d'autres grands leaders ont abdiqué, Dan Martin, Wout Poels, Simon Yates et même, à 45,4 kilomètres de l'arrivée, l'ancien champion du monde Michal Kwiatkowski. Le peloton était dans l'avant-dernier tour, au sommet de la côte d'Igls, ça partait de tous les côtés et Rudy, à l'avant désormais, vigilant, montrait toutes ses qualités de grimpeur et répondait sans broncher à l'ensemble des attaques.

Tony, dans la descente puis sur la partie plane, est revenu aux avant-postes comme pour montrer, à l'amorce du dernier tour, que la France était toujours là. Qu'il faudrait compter avec elle.

Les Français étaient encore cinq : Tony, Rudy, Thibaut, Julian et Romain. Tous parviendraient à terminer la course.

À vingt-huit kilomètres de l'arrivée, au pied de l'ultime passage dans la côte d'Igls, Tony mettait tout le peloton en file indienne, avec l'ensemble de la *squadra azzura*, suffocante, dans sa roue.

À ce moment-là, Manu était parti avec Paul, coupant à travers les bois, pour rejoindre l'ascension finale, celle de Gramartboden, et se poster comme convenu afin de donner des indications aux coureurs au moment décisif. Avec Gwenaëlle, nous avons rejoint le bus de l'équipe de France où nous avons retrouvé le directeur technique national, Christophe Manin, qui, comme l'ensemble de la délégation, n'en pouvait plus de l'adrénaline que l'on sentait monter en chacun de nous.

J'ai demandé à la Bouse si le trajet s'était bien passé jusqu'au départ et il m'a dit que oui et en rigolant, il a ajouté : « J'étais content d'arriver, j'en avais quand même pour un peu de pognon dans mon bus, avec tous ces mecs-là à l'intérieur ! »

Les Italiens sont passés devant et ont fait le bas de la montée à fond, pour asphyxier le peloton, comme fait la Sky pendant le Tour de France. Malgré l'allure, le Néerlandais Steven Kruijswijk est parvenu à attaquer. L'avant du peloton s'est désorganisé et on a vu, relevant le buste et évaluant la distance, Thibaut Pinot bouche ouverte, qui s'apprêtait après Alexandre, après Anthony, après Tony, après Rudy, à jouer l'équipier. Lui dont on avait pu s'interroger sur son rôle au sein de l'équipe après ses déclarations à la presse pendant la Vuelta, décidait de mettre sa force et son courage au service d'un autre : Julian.

Juste après, c'est Romain Bardet qui, à l'image de Thibaut, affirmait devant le monde entier que le leader, c'était Julian, puisqu'après l'avoir protégé comme font ordinairement ses équipiers pour lui, Romain remontait Julian à l'approche de la fin de la montée. Il se rappelait les mots de Cyrille sur l'importance du placement au sommet de la bosse d'Igls et ensuite dans la descente. Thibaut continuait, par sa seule présence à l'avant, de couper les ailes des adversaires de Julian. Et Rudy, dans une forme exceptionnelle, sautait dans la roue des plus téméraires.

Enfin, ils sont entrés dans Innsbruck, sur les petits pavés de la vieille ville, leurs bicyclettes tressautaient à peine. Rudy, comme l'avait demandé Cyrille, a déposé Thibaut. Il a déposé Romain. Il a déposé Julian. Les trois plus grands coureurs français ont pris une rue étroite dans l'angle de deux maisons aux murs lézardés par le temps. Ils ont commencé à grimper.

À dix kilomètres de l'arrivée, Thibaut, et Romain dans sa roue, emmenaient Julian. Jamais, depuis la victoire de Pierre Rolland à l'Alpe d'Huez, je n'avais vécu, en tant que spectateur, plus forte émotion que celle que je vivais à cet instant, à la vue de ces trois hommes et de leur puissance rassemblée. Dieu, qu'ils étaient beaux.

Woods, le Canadien, a senti que la course prenait une nouvelle allure et a recollé aux roues de Moscon qui marquait Julian. Valverde a fait la même chose. Il ne restait plus que six coureurs. Parmi eux, trois étaient Français.

Cette dernière côte devait être le moment décisif des championnats du monde. Les observateurs pensaient que c'était la difficulté parfaite pour Julian Alaphilippe, auteur d'une saison exceptionnelle et qu'on considérait comme le meilleur pour ce type d'effort court et violent, là où les purs grimpeurs ont besoin de davantage de temps et de pourcentages moins extrêmes pour faire la différence.

À 9,7 kilomètres de l'arrivée, Thibaut a terminé son travail d'équipier. Il s'est écarté sur la gauche et a vu passer devant lui Romain, pour un dernier relais avant l'attaque de Julian. Celle qui devait faire imploser la concurrence, celle qui devait lui permettre de devenir champion du monde. Je me souviens avoir pensé *« pourvu qu'il ne chute pas dans la descente »*, car à cet instant, à la vue des images que nous offraient les caméras sur les hélicoptères, rien, ni personne, ne semblait pouvoir s'opposer à sa victoire. Mais les hélicoptères et leurs caméras sont des menteurs. Et Julian a craqué.

Julian dit : « C'était beau à voir, l'équipe de France qui prenait ses responsabilités au pied du mur. J'ai eu un moment d'euphorie et j'ai pensé à ce que nous avait dit Cyrille sur l'importance de gérer ses émotions. Mais quand on est tous les trois devant au bas de la bosse, roue dans roue et qu'il n'y a plus grand monde, que tout le monde est à bloc, c'était un moment parfait. J'ai senti quelque chose de très fort. Mais j'étais vraiment dans la douleur, déjà. J'ai pensé que c'était la même chose pour tout le monde et finalement les forces m'ont quitté d'un coup. J'ai eu deux émotions très fortes en quelques secondes. En même temps tu dois les canaliser, tu dois les maîtriser pour rester concentré sur l'effort. J'avais tout mis en place dans ma préparation pour arriver à 100 % physiquement au championnat du monde. Après, ce sont les jambes qui parlent, on n'est pas des robots, ça m'a lâché au mauvais moment. C'est tout. »

Ce moment, c'était deux cents mètres après que Thibaut se fut écarté, alors que Romain, le dernier équipier, donnait le tempo en tête, dernier *peón* de la *cuadrilla* au service du *matador*, tout en bleu.

Au début, quand il a décroché de deux ou trois mètres, on a pensé à un leurre de Julian, un coup tactique, en laissant partir Romain et en faisant travailler Woods, Moscon et Valverde pour mieux les contrer ensuite et filer seul. Mais Julian a continué de reculer, aspiré par l'arrière, plus bon à rien pour un instant. On a compris que c'était terminé.

Romain, concentré sur son effort, gérant la montée comme Cyrille l'avait demandé, en lissant l'effort avant l'attaque finale, ne s'en est pas aperçu, il est revenu sur Michael Valgren. Il a fini par se retourner pour vérifier rapidement que Julian demeurait dans sa roue. Mais Julian n'y était plus. Romain s'est retourné de nouveau, il a cherché Julian du regard plus longuement. Il l'a vu. Julian était déjà loin. Vaincu.

Romain a coupé son effort presque par réflexe, mais Woods, comprenant ce qui était en train de se jouer, a condamné Julian en attaquant.

Alors, Romain a eu une réaction de crack. Lui l'équipier d'un jour, qui avait décidé de tout mettre en œuvre pour le succès d'un autre, revenait à ce qu'il est fondamentalement : un leader. Il a croché dans la roue du Canadien. Et ainsi, il a pris la tête de l'équipe de France. Il portait sur ses épaules et dans ses reins tout ce qu'il restait de l'espoir d'une nation.

Valverde s'est mis dans la roue de Romain. Moscon n'en pouvait plus. Tom Dumoulin, dix secondes derrière, n'avait pas d'autre choix que de couper la pente en improvisant des zigzags sur la route. Jamais je n'avais vu des images de coureurs devenus si misérables par la peine qu'ils éprouvaient.

À l'abord de la dernière rampe, celle à 28 %, Romain s'est levé sur ses pédales pour tenter de dompter la pente avec la plus grande douceur possible, c'était comme un corps-à-corps, ou comme une danse. Comme si la route, en compagnie de Romain, s'était incarnée.

Moscon revenu d'on ne sait où a tenté d'attaquer mais il s'est écroulé sous le poids de son intrépidité. Woods a attaqué de nouveau, Romain a appuyé encore plus fort sur ses pédales et est resté au contact. Il préparait son attaque, aux trois cents mètres, là où on savait que des écarts pourraient se creuser. Là où Cyrille avait dit à Pierre-Yves Chatelon dans la voiture « celui qui est capable de remettre deux dents de moins et d'attaquer précisément là, s'il est assez lucide pour descendre sans tomber, il a course gagnée. »

Romain contrôlait ses adversaires en prévision de son attaque quand tout à coup, sa chaîne a sauté ! Les ennuis mécaniques font partie du quotidien des cyclistes, qu'ils soient amateurs ou professionnels. L'explosion sèche et le sifflement de l'air d'une crevaison, le craquement des pignons, le dérailleur brisé qui frotte contre les rayons, l'instant où l'on prend conscience qu'il y a un problème, c'est le surgissement du monde sensible et de sa violence, c'est comme être arraché à un rêve.

Romain a senti que son pédalier n'offrait plus aucune résistance et que ses jambes tournaient dans le vide. Il a baissé la tête et vu la chaîne qui pendait entre sa pédale et le bas de son cadre. Il l'a saisie de la main, l'a remise en place, a manqué de peu de percuter une moto à l'arrêt et il est reparti. Mais il ne pourrait plus attaquer. Il ne pourrait plus mettre deux dents de moins, descendre avec lucidité et avoir course gagnée.

Woods, Valverde et Romain ont plongé vers l'arrivée. Ils ont filé à toute allure, pris en chasse par Tom Dumoulin qui risquait le tout pour le tout pour avoir lui aussi une chance de lever les bras. Il est revenu dans leur sillage à moins de deux kilomètres de l'arrivée.

Valverde se pensait le plus rapide et décidait en conséquence d'emmener ses trois adversaires vers cette extrémité qu'est le sprint.

Romain a resserré ses chaussures. Il n'y avait plus qu'une chose dans son esprit : la ligne, qui l'appelait comme font les sirènes avec les marins qu'il faut attacher au mât pour ne pas qu'ils se noient.

Le Vieux a lancé aux quatre cents mètres, Romain pendant une seconde a repensé à Cyrille rappelant les règles du sprint comme on fait dans les école de cyclisme, la nécessité de laisser un mètre pour prendre l'aspiration et déboîter au dernier moment. C'est ce que Romain a fait, dans ce qui fut sûrement l'un des plus beaux sprints qu'il eût réalisé, et un instant, celui où il a déboîté, tandis que nous hurlions tous « Allez Romain ! Allez ! », nous avons caressé le fol espoir qu'il dépasse Valverde. Mais ça n'a pas eu lieu et l'Espagnol, dans son maillot feu et sang, a levé les bras.

Tandis que Romain se soumettait au protocole, les coureurs et le reste du staff sont arrivés au bus. Nous avons regardé à la télévision Romain et sa belle médaille d'argent qui pendait à son cou. Les sentiments balançaient entre la fierté d'avoir été là, le plaisir de la breloque et l'absence de l'arc-en-ciel.

Julian a éprouvé le besoin de s'isoler quelques minutes puis il s'est présenté aux spectateurs qui l'attendaient. Il avait les yeux encore rougis par les larmes de la déception mais il a pris le temps de signer des autographes aux enfants. J'ai pensé que c'était bien lui, cette générosité.

Ensuite, ce sont les impératifs logistiques qui ont pris le relais, c'est comme si la bulle de sept heures qu'avait été la course venait d'exploser et ça a été brutal de voir le cours normal des choses reprendre leur place. Axel Domont m'avait parlé de cette triste expérience qu'est la fin d'une course quand on s'aperçoit que la Terre, finalement, ne tourne pas autour de soi, et que la communauté créée pour un temps s'étiole puis disparaît en même temps que sont rangés les vélos, que sont triées gourdes et musettes, et empilés les paquetages. C'est une ruche qu'on vide. Un monde qui s'en va.

Nous nous sommes tous retrouvés à l'hôtel un peu après. Les officiels de la fédération, les membres du staff, quelques proches des coureurs. Rudy, Romain, Thibaut, Anthony, Warren, Julian, Alexandre et Tony sont descendus de leur chambre après s'être douchés et habillés de façon élégante. Mais le plus chic de tous, c'était Cyrille avec son costume et sa cravate qu'il avait apportés et s'était promis de porter si la France était médaillée. C'est ce qu'il a fait.

J'ai senti une main sur mon épaule, c'était celle de Romain. Le vice-champion du monde. Il portait une chemise blanche.

Il m'a dit : « Alors il paraît que vous avez fait une drôle de soirée avec Clément au mois de juillet. » J'ai souri et j'ai dit : « Oui, enfin pas aussi scandaleuse que les rumeurs le disent. » Et Romain a fait : « Bon, et si nous allions commander un peu de vin pour ravitailler tout ce monde-là ? » Et Romain a offert le vin au staff et aux collègues comme ça se fait en cas de victoire.

Je crois que Romain avait envie de faire une petite pause avec le vélo et il m'a proposé de dîner à côté de lui, il m'a présenté Amandine, sa femme, qui est un peu comme les *frizzy partys* : ces drôles de bonbons qui pétillent. On a parlé de vins et de littérature tout le dîner. C'était divin.

On s'approchait tout doucement de la fin. Romain et Anthony ont fait un discours dans lequel ils remerciaient l'ensemble de la délégation pour leur professionnalisme, leur implication et leur ambition. J'ai regardé Manu un peu plus loin et j'ai vu qu'il était fier de tous ces gens autour de lui.

Enfin, c'est Cyrille qui a pris la parole. Il est revenu lui aussi sur le rôle de chacun en mettant en avant les qualités humaines et professionnelles de tout le monde, rappelant à quel point l'équipe de France avait été à la hauteur de l'enjeu. Bien entendu son esprit de gagneur a fait qu'il a aussi dit que même si la médaille d'argent était belle, la victoire aurait couronné l'entreprise. Pour conclure, il a évoqué le moment où Thibaut, Romain et Julian se sont présentés tous les trois face au mur de Gramartboden, et il a dit parfaitement l'émotion qui avait été la nôtre en les voyant. Il a eu cette phrase : « Je peux vous dire, les gars, qu'à ce moment-là, vous avez fait bander la France... » Quand il a dit le mot « France », l'émotion a été trop forte, sa voix s'est brisée, il a serré fort la mâchoire pour ne pas craquer devant nous. Il n'était pas le seul à avoir la gorge serrée par la force des mots qu'il prononçait.

Une fois que le repas fut achevé, j'ai retrouvé Cyrille dans le lobby, comme au premier jour. Nous avons commencé à parler. Je lui ai dit comme il m'avait épaté pour avoir ainsi anticipé le récit qu'allait être celui de la course.

Et, pour la première fois depuis que j'avais écrit son nom au début d'*Équipiers,* j'ai pensé à Marcel Bidot, l'ancien sélectionneur de l'équipe de France, celui qui était venu au Café de l'Espérance chez mes arrière-grands-parents et aux mots de ma grand-mère quand elle parlait de lui : « Beau comme un acteur américain, le personnage le plus illustre qu'on ait jamais vu dans la commune. »

Avant que l'on se quitte, j'ai félicité Cyrille pour son travail à la tête de l'équipe de France, je l'ai remercié de la bienveillance qu'il avait eue à mon égard et je lui ai dit que son discours, à table, avait été très beau. J'ai ajouté :

– Pourquoi ta voix s'est-elle brisée tout à l'heure, tu étais ému ?

– Ah ça... il a dit, comme pour que j'arrête, mais j'ai continué.

– C'est quand tu as dit le mot « France », il y a quelque chose de particulier qui se joue en toi, dans ton rapport à ce pays, c'est ce qui te touche ?

– Ah mais tu m'emmerdes ! il a répondu, sans méchanceté, simplement pour me faire savoir que j'avais compris, que ce n'était plus la peine d'en parler.

Et il s'est mis à pleurer. Non pas à gros sanglots, car Cyrille est un homme fort et digne. Mais les larmes qui sont les petits soldats de l'émotion se sont évadées, elles ont dévalé tout le long de ses joues, Cyrille a ôté ses lunettes rondes, et il les a essuyés, les petits soldats, du revers de la main. Ça doit être mon côté années 50 mais je trouve qu'il n'y a rien de plus bouleversant qu'un homme qui pleure. Je ne savais pas trop comment m'y prendre, car je n'ai pas vraiment l'habitude de ce genre de choses, alors, sans réfléchir, je l'ai pris dans mes bras.

Jamais je n'avais pris dans mes bras un personnage aussi illustre que Cyrille Guimard.

ÉPILOGUE

Il faut une fin. Il y a là Clém' et c'est l'automne. J'ai trente-quatre ans, je le sais car c'était il n'y a pas longtemps. Nous sommes tous les deux à l'ombre d'un grand arbre, peut-être un tilleul ? Nous attendons.

Je tiens ma promesse. J'emmène Clém' au domaine Lapierre à Villié-Morgon. Encore un peu et voilà Rom', tout sourire, qui nous rejoint. Le soir des championnats du monde, je lui ai parlé de cette visite au domaine et proposé qu'il nous accompagne. J'ai bien fait car cette journée va être formidable et celle qui suivra, dans la vallée du Rhône, chez Jean-Louis Chave, le sera tout autant.

Juste après l'arrivée de Rom', Mathieu Lapierre nous accueille pour la dégustation. Je n'ai pas l'impression que Mathieu s'intéresse beaucoup au vélo et j'ai quand même précisé au téléphone que je serais là avec Romain Bardet et Clément Chevrier, un de ses équipiers, ça n'a pas eu l'air de le bouleverser.

Nous passons quelques heures à déguster dans le chai en sa compagnie. Il nous parle de son travail tel qu'il l'envisage. On goûte des vins à peine nés, des raisins juste pressés, en pleine fermentation, des jus doux et friands comme les baisers des filles qui, magnanimes, dans les campings ou dans les bals, cèdent enfin aux avances des garçons.

Rom', même s'il est passionné, n'a pas encore l'expérience et les connaissances de Clément en matière de vin. C'est comme si les choses s'étaient inversées et que le leader, à ce moment-là, était Clément. Mais s'il est leader, il l'est au sens de celui qui élève, pas celui qui domestique ou qui écrase.

C'est un beau moment, un moment important, et je pense en les observant tous les deux rire et se regarder, complices, se dire l'un à l'autre que c'est bon le vin comme ça, une fois le verre bu, que j'ai bien fait de m'intéresser non pas aux équipiers, mais aux hommes, qu'ils fassent de la bicyclette ou non, qu'ils aient une vie glorieuse ou discrète. Il ne faut jamais craindre de les aimer et de leur dire.

En tout début d'après-midi, nous prenons congé de Mathieu Lapierre après avoir rempli nos coffres de ses sublimes Morgon car nous prenons la route pour Beaune où une autre dégustation et une folle soirée nous attendent tous les trois.

En quittant le domaine, je demande à Clém', sans vraiment douter de la réponse, s'il est content d'être venu. Il me répond que c'était extraordinaire, une dégustation pareille. Et il ajoute, me ramenant tout à coup à mes huit ans : « Le Morgon, c'est mon vin préféré. »

Clém' est là, lui le coureur professionnel, équipier du vice-champion du monde, debout avec moi dans le garage de mon grand-père qui est occupé en compagnie de mon père à mettre en bouteilles du vin de contrebande. Nous sommes pour un instant, ensemble, sous le vélo Casarelli rouge à guidolines blanches, nous observons les chromes de la fourche, les moyeux et les jantes tout juste passés au Miror et admirons les rayons, ceux que je trouvais immenses alors que mon papi, aujourd'hui, me paraît tout petit.

Je sais alors que je peux refermer la porte comme elle a été ouverte il y a soixante-dix ans par Pépère Boschat et Louison Bobet, dans les sourires et dans la joie.

À SW
Idée de la dédicace en fin de livre piquée à Médé
mais il paraît que je ne suis pas le premier.